诗意的故乡

曹文轩 编

山东画报出版社

图书在版编目（CIP）数据

诗意的故乡 / 曹文轩编. --济南: 山东画报出版社, 2021.6
（语文第二课堂：拓展阅读版）
ISBN 978-7-5474-3852-7

Ⅰ. ①诗… Ⅱ. ①曹… Ⅲ. ①阅读课 – 小学 – 课外读物
Ⅳ. ①G624.233

中国版本图书馆CIP数据核字(2021)第069018号

SHIYI DE GUXIANG

诗意的故乡
（语文第二课堂：拓展阅读版）
曹文轩　编

责任编辑　王一诺　李　双
封面设计　王　芳　李　娜
插画绘制　黄　捷

出 版 人　李文波
主管单位　山东出版传媒股份有限公司
出版发行　山东画报出版社
　　　　社　　　址　济南市市中区英雄山路189号B座　邮编　250002
　　　　电　　　话　总编室（0531）82098472
　　　　　　　　　　市场部（0531）82098479　82098476（传真）
　　　　网　　　址　http://www.hbcbs.com.cn
　　　　电子信箱　hbcb@sdpress.com.cn
印　　刷　山东新华印务有限公司
规　　格　165毫米×235毫米　1/16
　　　　　　12印张　50幅图　130千字
版　　次　2021年6月第1版
印　　次　2021年6月第1次印刷
书　　号　ISBN 978-7-5474-3852-7
定　　价　180.00元（全六册）

如有印装质量问题，请与出版社总编室联系更换。

序　言

　　无论是中国的语文教学大纲、课程标准还是国外的语文教学大纲、课程标准，也无论是哪一时代的语文教学大纲、课程标准，都无一例外地将学习语文的目的确定为：培养学生的语言文字表达能力。相对于"人文性"这一概念，我们将这一点说成是语文的"工具性"。这么说没有问题——问题是我们对"工具性"的理解是不够的。在我们的感觉中，"工具性"似乎是一个与"人文性"在重要性上是有级别差异的概念。我们在说到"工具性"时往往都显得不那么理直气壮，越是强调这一点就越是觉得它是一个矮于"人文性"的观念，只是我们不得不说才说的。其实，这里的"工具性"至少是一个与"人文性"并驾齐驱的概念。离开语言文字，讨论任何问题几乎都是没有意义的。另外我们有没有注意到，语言文字根本上也是人文性的。难道不是吗？二十世纪哲学大转型，就是争吵乃至恶斗了数个世纪的哲学忽于一天早晨都安静下来面对一个共同的问题：语言问题。哲学终于发现，所有的问题都是通向语言的。不将语言搞定，我们探讨真理几乎就是无效的。于是语言哲学成为几乎全部的哲学。一个个词，一个个句子，不只是一个个词，一个个句子，它们是存在的状态，是存在的结构。海德格尔、萨特、加缪、维特根斯坦等，将全部的时间用在了语言和与语言相关的问题的探讨上。甚至一些作家也从哲学的角度思考语言的问题，比如米兰·昆德拉。他写小说的思路和方式很简单，就是琢磨一个个词，比如"轻"，比如"媚俗""不朽"等。他告诉我们，一部小说只需要琢磨一两个词就足够了，因为所有的词都是某种存在状态，甚至是存在的基本状态。

从前说语言使思想得以实现，现在我们发现，语言本身就是思想，或者说是思想的产物。语言与思维有关。语言与认知这个世界有关，而认知之后的表达同样需要语言。语言直接关乎我们认知世界的深度和表达的深刻。文字使一切认识得以落实，使思想流传、传承成为可能。

从这个意义上说，语言文字能力，是一个健全的人的基本能力。而语文就是用来帮助人形成并强化这个能力的。为什么说语文学科是一切学科的基础，道理就在于一个人无论从事何种职业，都必须以很好的语言文字能力作为前提。因为语言文字能力与认知能力有关。

但要学好语文，只依赖于语文教科书恐怕是难以做到的。

语文教科书只是学好语文的一部分，甚至说是很有限的一部分。语文教学是语文学习的引导，老师们通过分析课文，让学生懂得如何阅读和分析课文，如何掌握语言文字去对世界进行思考和如何用语言文字去表述这个世界。但几本语文教科书能够提供给学生的学习文本是十分有限的，仅凭这些文本，要达到理想的语文水平是根本不可能的。语文能力的形成和语文水平的提高，必须建立在广泛而深入的课外阅读上——语文教材以外的书籍阅读上。许多年前我就和语文老师们交谈过：如果一个语文老师以为一本语文教材就是语文教学的全部，那么，要让学生学好语文是不可能的。从讲语文课而言，语文老师也要阅读大量教材以外的书籍，因为攻克语文这座山头的力量并不是来自语文教科书本身，而是来自其他山头——其他书籍，这些山头屯兵百万，只有调集这些山头的力量才能最终攻克语文这座山头。对学生而言，只有进行广泛而深入的课外阅读，才能深刻领会语文老师对语文教科书中的文本讲解，才能让语文教科书发挥应有的作用。

人类历史数千年，写作作为一种精神活动的历史也已十分漫长，天下好文章绝不是语文教科书就能容纳下的。所以，我们只有以语文教科书为依托，尽可能地阅读课外的书籍。但问题来了：这世界上的书籍浩如烟海、满坑满谷，一个人是不可能将其统统阅读尽的，即便是倾其一生，也不可能；关键是这些书籍鱼龙混杂，不是每一本、每一篇都值得劳心劳力去阅读

诗意的故乡

的。这就要由一些专门的读书人去为普通百姓选书，而对于中小学生而言，就更需要让有读书经验的人为他们选择书籍了，好让他们将宝贵的时间用在最值得阅读的书籍上。

对于小学生而言，自由阅读固然重要，但有指导的阅读同样重要，甚至说更加重要。这套书就是基于这样的理念编写成的。参与这套书编写的有专家学者，有一线的著名语文老师，我们的心愿是完全一致的：尽可能地将最好的文本集中呈现给孩子们，然后精心指导他们对这些文本加以阅读。从某种意义上说，这套书是因教科书而设置的语文课堂的延续和扩展——语文的第二课堂。

曹文轩

2019年4月29日于北京大学

目　录

走一走，看一看

诗意的故乡

一提到学习，我就……

被写进故事的小偷

成长的滋味

生命之重

目录

我还只是个孩子

来自父亲的寄语

走一走，看一看

诗意的故乡

导读

　　每个漆黑的夜晚，星星和月亮都在天上发着光，当你看着它们时，它们也在向你问好。你有没有想过，星星和月亮，是怎么来的呢？

星月的来由

顾　城

树枝想去撕裂天空，

却只戳成了几个微小的窟窿，

它透出了天外的光亮，

人们把它叫作月亮和星星。

 牵手阅读

在这首小诗中，诗人发挥奇幻的想象力，畅想星星和月亮是透过几个小洞穿越而来的光亮，而这几个小窟窿又是树枝戳出来的，这个由来是不是特别神奇有趣？这是诗人十二岁时写下的小诗，他用亲切自然的语言创造出一个神奇纯粹的世界，这就是文字的魅力。在你的幻想中，星星和月亮的由来是什么样的呢？可以试着写下来。

几种树

叶圣陶

杨树直挺几丈高，

柳树倒挂细枝条。

银杏叶子像扇子，

香椿叶子像羽毛。

桃树杏树开花早，

马缨开花春夏交。

松树柏树常年绿，

枫树秋来红叶飘。

走一走，看一看

诗意的故乡

　　这首诗最大的特点，就是用简洁明快的语言生动地描绘出各种树木鲜明的特点，其中更是运用了比喻的手法，将银杏叶子比作扇子，将香椿叶子看作羽毛，显得活泼风趣，富有感染力。数一数，诗中一共写了几种树？每种树分别是什么样子的？是不是突然发现我们每天看到的树木原来这么有意思？

导读

　　黄昏，在许多诗作文章中，都是美丽中带着淡淡转瞬即逝的哀愁。但在东达的笔下，黄昏是如此的通透而美满。良辰美景，谈笑风生，全在笔下。

黄　昏

东　达

　　黄昏的炊烟是琥珀色的。琥珀色的炊烟懒懒地升起来……

　　我看见许多鸟。它们焦急地飞来飞去，寻找各自的窠。

　　忽闪忽闪的星星。

　　银河在很遥远的地方忧郁。

　　我听见妈妈的呼唤了。妈妈的呼唤里有柴烟味和包米饭的甜香。

　　黑虎一定坐在门槛上等着我，尾巴摇得悠闲，小眼睛亮亮的。

于是我嚼一枚三叶草，和牧归的鹅群一起走进庭院……

是故乡的五月的黄昏。五月的黄昏

很有诗意。

葡萄架下有丰盛的晚餐。爷爷端出一把铜酒壶，端出一壶月光一壶笑声一壶浓浓的人情味……

晚风薄得透明，像蝉翼。那是夜的翅膀吗？

暮色从每一片树叶上滑下来……

我把蝴蝶蚂蚁金龟子装进一只翠绿色的竹笼，也装进白天的沉甸甸的记忆和幻想。

被虫声拉长了的五月的黄昏呵。

我忽然觉得很疲倦。

五月的黄昏很疲倦。

牵手阅读

东达，生于1952年，儿童文学作家。"琥珀色的炊烟""蝉翼般的晚风""盛满笑声的酒壶"，作者运用通感的手法，让原本稀松平常的景象充满了诗意，透着乡间生活的安然惬意。在悠远的记忆里，黄昏便是袅袅炊烟、归鸟、忽闪的星、母亲的呼唤、晚饭的甜香、狗、鹅群、葡萄架和爷爷的铜酒壶……从未提及的怀念，便在这种美好图景中溢于言表。描述你心目中的黄昏印象，找出一处你认为最好的描写，试写出评析。

导读

读戴望舒的诗，好似许多场景尽在眼前，又有些许朦朦胧胧的感情流进了心里。这首《在天晴了的时候》也是如此。该诗表达了什么样的意蕴呢？我们一起来欣赏一下。

在天晴了的时候

戴望舒

在天晴了的时候，

该到小径中去走走：

给雨润过的泥路，

一定是凉爽又温柔；

炫耀着新绿的小草，

已一下子洗净了尘垢；

不再胆怯的小白菊，

慢慢地抬起它们的头，

试试寒，试试暖，

然后一瓣瓣地绽透！

抖去水珠的凤蝶儿，

在木叶间自在闲游，

把它的饰彩的智慧书页，

曝（pù）着阳光一开一收。

到小径中去走走吧，

在天晴了的时候：

赤着脚，携着手，

踏着新泥，涉过溪流。

新阳推开了阴霾了，

溪水在温风中晕皱，

诗意的故乡

看山间移动的暗绿——

云的脚迹——它也在闲游。

牵手阅读

戴望舒（1905—1950），中国现代派象征主义诗人。《在天晴了的时候》用语清新恬淡，似乎摆脱了《雨巷》的愁苦阴晦、惆怅难遣，透着一种鲜有的悠然自如。你能找出诗中使用象征手法的诗句吗？诗人怀着什么心情写下这首诗？

用不同的眼睛看

〔苏联〕尼·米·巴甫洛娃

一个冬天的早晨，小黄雀吃了一些枫树籽和枫树芽，填饱了肚子，想玩一会儿，就在枫树的秃枝上跳来跳去。

旁边一棵树上飞下来一只乌鸦，飞向雪地的上空。

突然，一只隼鹰从天空中飞下来，一下就把乌鸦抓了起来，然后飞到枫树上大快朵颐。

小黄雀看隼鹰吃饱了，就飞到旁边的树枝上，仔细地瞅他。小黄雀不怕猛禽：这么小的鸟，隼鹰连碰都不碰。

"你干吗盯着我看？"他问小黄雀，"你很羡慕我强大的力量和锐利的眼睛吧！这样的眼睛确实让人羡慕！乌鸦从树上起飞的时候，我还在一棵云杉的上空呢。我是从那儿看见他的！"

"我才不羡慕呢！"小黄雀说，"我也对自己的眼睛很满意。"

"那是因为你飞不高，"隼鹰反驳他，"我可有高飞的习惯：每年春天，我都会飞到云彩上面。从那儿，我可以看见森林和田地，江河与湖泊，看见人类的村庄。我能看见全世界都在我身下。"

"可是，你看看咱们森林里，现在有长出小叶子和芽的树吗？"

"这我没注意。"隼鹰回答。

"不，你根本没看见。你看不见的。"小黄雀逗弄隼鹰说。

"怎么会看不见！"隼鹰气愤地说着，翅膀一抖就飞上了天空。但是他在森林上空转了半天，什么也没发现，就只好回来了。

"森林里连个小绿点儿也没有，更别提什么叶子和芽了！"

"你这话可不对，"小黄雀回答，"所有的树木，冬天都长小叶子；椴树以外的所有树木，冬天都有嫩芽。不信你看！"

小黄雀跳到一棵粗粗的枫树芽前，开始剥开来——剥掉一层鳞片，然后又剥掉一层鳞片。剥开最后一片鳞片，隼鹰果真看见一对折起来的小嫩叶。一束很小很小的芽就长在两片小嫩叶中间。

"这还挺有趣！"隼鹰不禁感叹道。

"我们身边的一切都是有趣的，"小黄雀回答，"我不能高高地飞到云彩上面，但是我一点儿也不觉得不好！"

（佚名 译）

 **牵手阅读**

这是一个带有深刻哲理的小·故事。故事里的隼鹰能够高飞看到远处的风景，却发现不了周围有趣的小·细节，而小·黄雀却能发现正在生长的小·嫩芽。这个世界上有很多像小·嫩芽一样的小·细节，如果你不够细心，是看不见的。读完这个故事，你明白小·黄雀为什么一点儿都不羡慕隼鹰了吗？

一提到学习，我就……

导读

丁一小写字不好看，他说了很多原因，但好像少了一个最重要的原因。到底是什么，让丁一小写不好字呢？快来帮帮他吧！

丁一小写字

任溶溶

丁一小写字，写来写去写不好。"对了，是我的纸不好！"

他把姐姐的纸拿来写。他用姐姐的纸写字，写来写去写不好。"对了，是我的笔不好！"

他把姐姐的笔拿来写。他用姐姐的纸、姐姐的笔写字，写来写去写不好。"对了，是我的位子不好！"

他坐到姐姐的位子上去写字。他用姐姐的纸、姐姐的笔，坐在姐姐的位子上写字，写来写去写不好。"我还有什么东西不好呢？"

姐姐拿起了丁一小丢掉的纸，拿起了丁一小丢掉的笔，坐在丁一小的位子上，身子一动不动，认认真真、一笔一笔地写字。瞧，她写出来的字多好！

丁一小明白了："不是我的纸不好，不是我的笔不好，不是我的位子不好，是我自己不好。"

他像姐姐一样，身子一动不动，认认真真、一笔一笔地写字。瞧，他写的字也好了。

 牵手阅读

丁一小·写字写不好，不怪自己，反而去怪他的纸不好、笔不好、位子不好。可是同样的纸、笔、位子，为什么姐姐写的字就好看呢？说明问题出在丁一小·自己身上。很多时候我们也会面临相似的情况，想一想，在同样的外部条件下，为什么别人做的和我做的结果不一样呢？如果确实是自己的问题，就应该勇敢地承认，并加以改正。小·朋友们，要不要学学丁一小·，试着一笔一笔写字呢？

诗意的故乡

写字好麻烦啊，如果把字写成圈圈圈，是不是就省事多了？大成也是这样想的，没想到，他这样做却在课堂上闹出了笑话……

圈圈圈

安伟邦

大成爱看书，可是不爱写字。老师教他写字，他心里说："我只要能看书就行了。"

一天，上语文课，老师要大家听写。大成一听就着慌了，他拿着铅笔，手有点发抖，只听老师念道：

"啄木鸟，嘴儿硬，笃笃笃，捉小虫，大家叫它树医生。"

大成有好几个字写不出来，只好在纸上写着：

○木鸟，○儿○，○○○，○小虫，大家叫它树○生。

大成写完，就交给老师。

第二天，老师让他把自己写的念一念。他念道：

"圈木鸟，圈儿圈，圈圈圈，圈小虫，大家叫它树圈生。"念着念着，同学们哗的一声笑了。大成很难为情。

老师说："大成，你自己写的东西，自己都看不懂，别人怎么看得懂呢？"

大成在心里说："老师说得对呀！我应该好好学习写字。要是别人把字也画成圈圈，我到哪里去找书看呢？"

 牵手阅读

《圈圈圈》的故事和《丁一小·写字》的故事很相近，都是刚刚学习写字时碰到了麻烦，这在儿童学习生活中是经常见到的。但大成与丁一小·面对问题的态度好像哪里不太一样。丁一小·是把写不好字的原因归结到纸、笔和位子上，认为外部原因导致自己写不好字；大成则是没有认识到认真写字的重

一提到学习，我就……

要性，用圈来代替写不出的字，结果闹出了笑话。两个孩子的态度都非常童真，并且他们都认识到了自身存在的问题。故事虽然篇幅短小，但是人物形象立体，情节生动有趣。小朋友们，你们是怎样学写字的呢？

导读

十个渔夫数来数去，怎么数都是九个人，还有一个伙伴不见了，这怎么办呢？可是路人数的却是十个人，到这个幽默的小故事里找一找是为什么吧。

十个渔夫

郭万珍

滹沱河的旁边，有一片村落，住着十个渔夫。他们出去网鱼和回家的时候，总是一块儿的。有一天，他们要回家了，第一个渔夫要看他的伙伴齐了没有，于是"一，二，三，四，五，六，七，八，九"地数了一数。他很惊讶地说："怎么少了一个人呢？我们不是一共十个人吗？数错了？"于是，他又"一，二，三，四，五，六，七，八，九"地数了一遍。他更惊讶了，说道："掉在河里了吗？"第二个渔夫也"一，二，三，四，五，六，七，八，九"地数了一次，也十分惊讶地叫道："真掉在河里了！为什么我们没有看见？"第三个渔夫第四个渔夫……都数了一次。大家数来数去，只

一提到学习，我就……

得九个。他们没有法子，只是瞪着眼你瞧我我瞧你地呆起来，然后就哭了！一个走路的看见他们在那里哭，便问他们道："天黑了，为什么不回去，却在这里哭？"第一个渔夫答道："我们十个伙伴，掉了一个，能不伤心么！"说着又哭起来。走路的暗地给他们数了一数，不觉大笑道："哈哈！你们的伙伴没有失掉，让我给你们数一数吧。"于是，他"一，二，三，四，五，六，七，八，九，十"地替他们数了一次，果然对了。那十个渔夫见伙伴没有失掉，就很欢喜地回家了。

小朋友，你们知道为什么那十个渔夫自己数时，只得九个？请你们想想吧。

 牵手阅读

读完这个故事，你知道为什么那十个渔夫自己数时只有九个人，而路人数的却是十个人了吗？因为每一个渔夫在数人数的时候都把自己给忘了呀！而不在十个人之中的路人却能把他们全部都数到。这个幽默的小故事对你有什么启示吗？

读书是一件很幸福的事，在书中，我们可以了解大千世界，可以走进白雪公主和灰姑娘的童话世界，也可以接触各种奇妙的人和事。可是有一个小姑娘，她没有钱买书，只好在书店里"窃读"，这是怎么一回事呢？

窃读记

林海音

转过街角，看见三阳春的冲天招牌，闻见炒菜的香味，听见锅勺敲打的声音，我松了一口气，放慢了脚步。下课从学校急急赶到这里，身上已经汗涔涔的，总算到达目的地——目的可不是三阳春，而是紧邻它的一家书店。

我趁着漫步给脑子一个思索的机会："昨天读到什么地方了？那女孩不知以后嫁给谁？那本书放在哪里？左角第三排，不错……"走到三阳春的门口，便可以看见书店里仍像往日一样挤满了顾客，我可以安心了，但是我又担忧那本书会不会卖光了，因为一连几天都看见有人买，昨

天好像只剩下一两本了。

我跨进书店门，暗喜没人注意，我踮起脚尖，使矮小的身体挨蹭过别的顾客和书柜的夹缝，从大人的腋下钻过去，哟，把短发弄乱了，没关系，我到底挤到里边来了。在一片花绿封面的排列队里，我的眼睛过于急忙地寻找，反而看不到那本书的所在。从头来，再数一遍，啊！它在这里，原来不是在昨天那位置了。

我庆幸它居然没有被卖出去，仍四平八稳地躺在书架上，专候我的光临。我多么高兴，又多么渴望地伸手去拿，但和我的手同时抵达的，还有一双巨掌，十个手指大大地分开来，压住了那本书的整个：

"你到底买不买？"

声音不算小，惊动了其他顾客，全部回过头来，面向着我。我像一个被捉到的小偷，羞惭而尴尬，涨红了脸。我抬起头，难堪地望着他——那书店的老板，他威风凛凛地俯视着我。店是他的，他有全部的理由用这种声气对待我。我用几乎要哭出来的声音，悲愤地反抗了一句：

"看看都不行吗？"

其实我的声音是多么软弱无力！

在众目睽睽之下，我几乎是狼狈地跨出了店门，脚跟后面紧跟着的是老板的冷笑："不是一回了！"不是一回了！那口气对我还算是宽容的，仿佛我是一个不可以再被原谅的惯贼。但我是偷窃了什么吗？我不过是一个无力购买而又渴望读到那本书的穷学生！

曾经有一天，我偶然走过书店的窗前，窗里刚好摆了几本慕名很久而无缘一读的名著，欲望推动着我，不由得走进书店，想打听一下它的价钱，也许是我太矮小了，不引人注意，竟没有人过来招呼，我就随便翻开一本摆在长桌上的书，慢慢读下去，读了一会儿仍没有人理会，而书中的故事已使我全神贯注，舍不得放下了。直到好大工夫，才过来一位店员，我赶忙合起书来递给他看，煞有介事似

一提到学习，我就……

地问他价钱，我明知道，任何便宜价钱对于我都是枉然的，我绝没有多余的钱去买。

但是自此以后，我得了一条不费一文钱读书的门径。下课后急忙赶到这条"文化街"，这里书店林立，使我有更多的机会。

一页，两页，我如饥饿的瘦狼，贪婪地吞读下去，我很快乐，也很惧怕，这种窃读的滋味！有时一本书我要分别到几家书店去读完，比如当我觉得当时的环境已不适宜我再在这家书店站下去的话，我便要知趣地放下书，若无其事地走出去，然后再走入另一家。

我希望到顾客正多着的书店，就是因为那样可以把矮小的我挤进去，而不致被人注意。偶然进来看书的人虽然很多，但是像我这样常常光顾而从不买一本的，实在没有，因此我要把自己隐藏起来，真是像个小偷似的。有时我贴在一个大人的身边，仿佛我是与他同来的小妹妹或者女儿。

最令人开心的是下雨天，感谢雨水的灌溉，越是倾盆大雨我越高兴，因为那时我便有充足的理由在书店待下去。好像躲雨人偶然避雨到人家的屋檐下，你总不好意思赶走吧？我有时还要装着皱起眉头不时望着街心，好像说："这雨，害得我回不去了。"其实，我的心里是怎样高兴地喊着："再大些！再大些！"

但我也不是读书能够废寝忘食的人，当三阳春正上座，飘来一阵阵炒菜香时，我也饿得饥肠辘辘，那时我也不免要做个白日梦：如果袋中有钱该多么好！到三阳春吃碗热热的排骨大面，回来这里已经有人给摆上一张弹簧沙发，坐上去舒舒服服地接着看。我的腿真够酸了，交替着用一条腿支持另一条，有时忘形地撅着屁股依赖在书柜旁，以求暂时的休息。明明知道回家还有一段路程要走，可是求知的欲望这么迫切，使我舍不得放弃任何可捉住的窃读机会。

为了解决肚子的饥饿，我又想出一个好办法：临来时买上两个铜板（两个铜板或许有）的花生米放在制服口袋里，当智慧之田丰收，而胃袋求救的时候，我便从口袋里掏出花生米来救急。要注意的是花生皮必须留在口袋里，回到家把口袋翻过来，细碎的花生皮便像雪花样地飞落下来。

但在这次屈辱之后，我的小心灵确受了创伤，我的因贫苦而引起的自卑感再次地犯发，而且产生了对人类的仇恨。有一次刚好读到一首真像为我写照的小诗时，更增加了我的悲愤，那小诗是一个外国女诗人的手笔，我曾抄录下来，贴在床前，伤心地一遍遍读着。小诗说：

我看见一个眼睛充满热烈希望的小孩，

在书摊上翻开一本书来，

读时好似想一口气念完。

摆书摊的人看见这样，

我看见他很快地向小孩招呼：

"你从来没有买过书，

所以请你不要在这里看书。"

小孩慢慢地踱着叹口气，

他真希望自己从来没有认过字母，

他就不会看这老东西的书了。

穷人有好多苦痛，

富的永远没有尝过。

我不久又看见一个小孩，

他脸上老是有菜色，

那天至少是没有吃过东西——

他对着酒店的冻肉用眼睛去享受。

我想着这个小孩情形必定更苦，

这么饿着，想着，这样一个便士也没有。

对着烹得精美的好肉空望，

他免不了希望他生来没有学会吃东西。

我不再去书店，许多次我经过文化街都狠心咬牙地走过去。但一次，两次，我下意识地走向那熟悉的街，终于有一天，求知的欲望迫使我再度停下来，我仍愿一试，因为一本新书的出版广告，我从报上知道好多天了。

我再施惯技，又把自己藏在书店的一角，当我翻开第一页时，心中不禁轻轻呼道："啊！终于和你相见！"这是一本畅销的书，那么厚厚的一册，拿在手里，看在眼里，多够分量！受了前次的教训，我更小心地不敢贪婪，多串几家书店更妥当些，免得再遭遇到前次的难堪。

每次从书店出来，我都像喝醉了酒似的，脑子被书中的人物所扰，踉踉跄跄，走路失去控制的能力。"明天早些来，可以全部看完了。"我告诉自己。想到明天仍可以占有书店的一角时，被快乐激动得忘形之躯，便险些撞到枫干上去。

可是第二天走过几家书店都看不见那本书时，像在手中正看得起劲的书被人抢去一样，我暗暗焦急，并且诅咒地想：皆因没有钱，我不能占有读书的全部快乐，世上有钱的人这样多，他们把书买光了。

我惨淡无神地提着书包，抱着绝望的心情走进最末一家书店。昨天在这里看书时，已经剩了最后一册，可不是，看见书架上那本书的位置换了另外的书，心整个沉下了。

正在这时，一个耳朵架着铅笔的店员走过来了，看那样子是来招呼我的（我多么怕受人招待），我慌忙把眼睛送上了书架，装作没看见。但是一本书触着我的胳膊，轻轻地送到我的面前："请看吧，我多留了一天没有卖。"

啊，我接过书害羞得不知应当如何对他表示我的感激，他却若无其事地走开了。被冲动的情感，使我的眼光久久不能集中在书本上。

当书店的日光灯忽地亮了起来，我才觉出站在这里读了两个钟点了。我合上最后一页——咽了一口唾沫，好像所有的智慧都被我吞食下去了。然后抬头找寻那耳朵上架着铅笔的人，好交还他这本书。在远远的柜台旁，他向我轻轻地点点头，表示他已经知道我看完了，我默默地把书放回书架上。

我低着头走出去，黑色多皱的布裙被风吹开来，像一把支不开的破伞，可是我浑身都松快了。摸摸口袋里是一包忘记吃的花生米，我拿一粒花生送进嘴里，忽然想起有一次国文先生鼓励我们用功的话："记住，你是吃饭长大，也是读书长大的！

但是今天我发现这句话还不够用，它应当这么说："记住，你是吃饭长大，读书长大，也是在爱里长大的！"

　　林海音，中国当代著名作家，代表作《城南旧事》是一部自传体小说，是林海音对在北京生活的童年往事的回忆。林海音的作品往往借孩子的眼光看待世界，正如这篇故事是以一个小女孩的视角来讲述"窃读"的经历。本文将小女孩对读书和对知识的渴望鲜明地呈现在读者面前，让我们不禁祈盼她能够如愿读完那几本书。作家擅长心理描写，读书时的忘我、躲避店员的行为、充饥的办法，都刻画得非常生动，富有生活气息。故事亦有温情的一面，店员好心地留下那本没有看完的书，让我们感受到世界的美好与温暖。小朋友们，你喜欢读书吗？你有没有过"窃读"的经历呢？

被写进故事的小偷

诗意的故乡

导读

　　一提到小偷，大家无不深恶痛绝。可是当小偷协会罢工，没有人撬门锁、偷钱包，人们会感到轻松、安慰吗？社会会出现什么样的状况呢？

小偷罢工

武玉桂

　　城里有个小偷协会。这天，协会集体通过了一项决议——罢工。

　　小偷罢工？不就是说，从现在起再没人去撬门扭锁、偷钱包了吗？所有听到这个消息的公民都感到轻松和安慰。和以往不同，这次有组织的罢工没给市政府造成丝毫的压力，市长在晚间电视节目中发表了讲话："衷心地希望他们永远不要再复工了，让小偷见鬼去吧！"

　　从小偷罢工第二天起，城里就出现了新气象。太太小姐们戴着珍藏的首饰招摇过市，警察的神经彻底松弛。银行职员面前的铁栅栏被全部拆除，总经理同清洁队的垃圾箱办公室联系，准备转让银行的3000只保险箱……值得庆贺的事太多了。

然而，没过几天，一群妇女来找市长，要求取缔警察，理由是没有必要养活这些成天无所事事的闲人。银行经理也来了，自从小偷罢工后人们不再到银行存钱，所以银行已面临倒闭，不得不裁减百分之九十的职员。

坏消息比好消息来得更快更多：生产门锁、自行车锁的工人失业了！保险柜大量积压！800名夜间巡逻队队员被解雇了……

很快，游行示威队伍一支支来到市政府门前，他们高举标语牌，上面写着："要工作，要吃饭！""生活离不开小偷！"

迫于各界的压力，市长决定派代表去和小偷协会进行紧急磋商，希望他们能顾全大局，立即复工。市长还许诺，今后对小偷要从轻处罚。

派去的代表灰溜溜地回来了。因为小偷们提出了苛刻的条件：要求给他们发加班费，理由是逢年过节别人都休息了，而小偷还在没白没黑地工作；要求市政府按每个小偷的实际工作年头（从掏第一个钱包那天算起）给补发工资，另外附加岗位津贴、危险职业补助等；还提出将小偷协会正式接纳为市政府的办公机构，让小偷派员参加市长竞选。

对小偷们提出的条件，市政府当然不会答应，但受罢工影响，全市有近三分之一的职工已经或面临失业，有百分之八十的家庭生活水平开始下降……市长和助手们日夜在一起商讨对策，但事情毕竟太棘手了。

说来让人不敢相信：这道难题被一个幼儿园小朋友——市长的孙女小布丁解开了。

根据小布丁的安排，所有失业的人都有了新的工作：制锁工人为儿童们生产玩具，银行职员被派到学校帮助笨孩子补习算术，最快乐的要数警察，他们的全部工作是在幼儿园陪小朋友做游戏、玩"打仗"，当然，必须用木头手枪。

当晚，小布丁在电视台发表了一次讲话。她说，市政府已决定接受小偷协会提出的全部条件。但所有的福利待遇只能给那些真正的小偷。谁敢保证偷协的会员没有冒牌货呢？为了辨别真假小偷，将举行一次"小偷大赛"……

市长宣布了大赛的三条规则：一、小偷协会的1000名会员必须全部参加大赛；二、被窃物定为小偷本身，因为偷活人要比偷钱包难得多，所以更能看出每个小偷的实际水平；三、"赃物"由小偷妥善保管，藏到谁也找不到的地方。

既要去偷人，也得防着自己被偷走。这大赛真够刺激！所有的小偷都激动万分。好咧！大显身手的时候到啦：

第一天，就有300多名小偷失踪了！

第二天，又有500多名小偷不见了！

第三天，还剩18名小偷！

……到星期六下午，全城只剩下最后一名小偷了。这位正是小偷协会主席、桃李满天下的小偷总教练A先生。

该如何处置这最后一个小偷呢？全城公民提出了种种方案：关监狱，送博物馆，进动物园……就在大家争论不休的时候，又传来了最新消息，A先生为显示本领高强，自己把自己偷走啦！

 牵手阅读

《小偷罢工》是一篇情节曲折的故事。小偷们罢工后，社会上出现了一系列问题，并且带来一系

列的连锁反应。正当大家愁眉不展时，市长孙女提出小偷大赛的想法，结局令人啼笑皆非：小偷把自己偷走了。故事的最后也是文章的精彩之处，虽是意料之外，但也在情理之中，并以丰富的想象力道出深刻的道理：好与坏并没有清晰的界限，当我们充分发挥自己的智慧，坏事也能变成好事。文章具有一定的批判色彩和趣味性。如果你是市长，你会怎么解决这个问题呢？

自古盗贼就如过街的老鼠——人人喊打。但你听说过小偷和失主通信往来吗?

一个小偷和失主的通信

［德］奥托·纳尔毕

第一封信　小偷致失主

法兰克福，1964年4月3日

尊敬的布劳先生:

想必您已获悉，您停在歌德路的汽车已经失窃。我就是小偷。鉴于我这个小偷向来和失主关系良好，谨提出如下友好的建议:您的车子里有只放信函和文件的皮包，它们对我虽然无用，可我认为对您却尤为重要。现将这些东西放在歌德路40号的房子后面还给您。作为交换，请将有关汽车证件放在同一地方。您给我的信，也放在那里。

　　顺致

亲切的问候

　　　　　　　　　　您的汽车小偷

失主的复信

法兰克福，1964年4月5日

尊敬的汽车小偷先生：

　　我不得不同意您的建议，因为我正急需那些文件。我的，亦即您的蓝色四座车证件，请于今天夜里24点到歌德路40号房子后面去拿。

　　　　　　　　　　马克斯·布劳谨上

第二封信　小偷致失主

法兰克福，1964年4月7日

尊敬的布劳先生：

下一期的汽车税（计2469马克），要在本周内付清，是吗？

您忠实的汽车小偷

失主的复信

法兰克福，1964年4月9日

尊敬的汽车小偷先生：

我谨遗憾地通知您，下一期的汽车税，您须在本周内付给财政局。拖延付款是要付高额罚金的。

顺致

敬意

您的马克斯·布劳

请不要忘记把汽车保险费付给色柯里塔保险公司。又及。

第三封信 小偷致失主

法兰克福，1964年4月10日

尊敬的布劳先生：

请原谅我又写信给您。请问，车子耗油量是否需要12升至14升？再则，左后轮漏气。

您的汽车小偷谨上

失主的复信

法兰克福，1964年4月12日

尊敬的汽车小偷先生：

我忘了告诉您，我的，或者说您的车子亟待换只新胎，同您说的一样，汽油消耗的确很大。不说您也明白，车子已经很旧了。干您这一行的老是要在路上奔波，为您着想，我劝您把阀门换掉。

您的马克斯·布劳

第四封信　小偷致失主

法兰克福，1964年4月18日

尊敬的布劳先生：

　　财政局要求我补交税款698.57马克，十日内付清，此外，坐垫已坏，右方向指示灯不亮。您能否给我介绍个便宜的车房，当然要有暖气的，因为汽车很难发动。现在我为车房要付50马克。

　　顺致

崇高的敬意

您的汽车小偷

失主的复信

法兰克福，1964年4月23日

亲爱的小偷：

　　对您说来，除了付清车税，别无办法。顺便提一句，昨天夜里我突然想起，刹车已经不灵，请立即检查一下。此外，天气不好的时候——近来天公老是不作美——得修理车篷。

至于车房，我爱莫能助。过去，我的车子也经常露天停放。

您忠实的马克斯·布劳

第五封信　小偷致失主

法兰克福，1964年4月25日

尊敬的布劳先生：

我从您那里偷来的汽车，使我大伤脑筋。在一连串的故障中，昨天差点传动装置又坏了。如此之高的费用，我这个诚实的小偷实在承担不起。我想贴笔小额的赔偿费，把车子还给您，望能同意为盼。

顺致

崇高的敬意

您的汽车小偷

失主的复信

法兰克福，1964年4月28日

最要好的朋友：

十分遗憾，由于您的严酷决定，我不得不结束我们之间美妙的通信联系。您偷走了我的汽车，而我懂得了上帝为什么给我两只脚。我重新开始步行。过多的脂肪已经掉了好几磅，心脏跳动恢复正常，我完全忘记了心血管病是怎么回事。我不再看病，经济状况也大有好转。我还得取回我的车子吗？想都没有想过！故此，我决定拒绝您的建议，即使您上法院控告我。我决不接受被偷走的东西。

顺致

敬意

您的马克斯·布劳

（李长龙 译）

牵手阅读

　　这是一则诙谐与荒诞风格兼具的通信来往记录。汽车小偷以信函和文件的皮包作为交换筹码，向布劳先生索要蓝色四座车的汽车证件，以便自己完全拥有这辆汽车。布劳先生以理智冷静的口吻回复小偷，完成交换。然而故事并没有到此结束，在之后的几天中，小偷遇到了一系列关于汽车的问题，并不得不向布劳先生询问讨教，布劳先生竟然一一解答。最后故事的结尾出人意料又合乎逻辑，小偷想归还，而失主已经不想索回。故事矛盾冲突合理，情节跌宕起伏，笔触平实幽默，值得细细品味。请你仔细思考，这个结局到底合理不合理？

导读

　　五个盗贼来到了花木村，看到了优美动人的风景，便认为这个村子十分富足，准备实施偷盗。可是阴差阳错，在偷盗的过程中却帮助了村民。让我们一起来看看发生了什么吧。

盗贼来到花木村

[日] 新美南吉

　　从前，有五个盗贼来到花木村。

　　那是初夏的一天，无边的晴空下，嫩竹刚长出尖细的绿芽，松蝉在林中吱吱地鸣叫，五个盗贼从北方沿着小河走来。

　　花木村的村头是一片长着山楂树和苜蓿草的绿野，一群放牛的孩子正在这里玩耍。草丛中有一条潺潺流淌的小河，一直流到村里。一架水车咕噜咕噜地转动着。看到这番动人的景象，盗贼们不禁喜上心头，他们断定这个安定富足的村子里，肯定住着不少有钱的人家。

盗贼们钻进草丛里，年龄最大的盗贼头子说："我在这儿等着，你们几个到村里去转一下，你们刚刚跟我学偷盗，不要糊里糊涂，要好好留意那些有钱人家的窗户是不是结实，院里有没有狗，要调查清楚。好了，都去吧！我是前辈，在这儿抽袋烟，等你们回来。"

盗贼头儿把徒弟们打发走以后，一屁股坐在河边的草地上，板着脸吧嗒吧嗒地抽起烟来。他是一个放火、偷窃、无恶不作的真正盗贼。

"直到昨天，我还是单干的盗贼。今天，第一次成为盗贼的头儿。"头儿自言自语地说，"看来，当头儿实在不错，事情让徒弟们干，我在这儿躺着就行了。"

"头儿，头儿！"釜右卫门连连喊道。

盗贼头儿从菜花儿地里忽地一下站了起来："臭小子，吓了我一跳……村里怎么样？"

"太好了，头儿，有了！有了！有一家大户人家，他家有一口能煮三斗米的大锅，值大价钱哪！院里还有一口大钟，要是砸碎了，起码能做五十个茶炉。怎么，你以为我撒谎？……"

"混蛋透顶！"头儿呵斥道，"你小子三句话不离本行，哪有只去看饭锅和吊钟的贼？喂，你手里拎那口破锅干什么？"

"这是我路过一家门口时，看它挂在桧树篱笆上，锅底有个窟窿。我忘了自己是贼，告诉那家媳妇说，拿20元钱就能给她修好。"

"真是个糊涂虫，你根本就没把我们这行买卖装进脑子里！"

盗贼头儿就这样把徒弟教训了一顿，然后命令道："你再到村里转转，好好看一看！"

釜右卫门提着那口破锅，返回村去。

这时，徒弟海老之丞回来了。直到昨天，他还是一个锁匠，专门给人家修锁。

"头儿，这个村子不行呀！"海老之丞有气无力地说，"无论是仓库，还是门上挂的锁都不像个样子，连小孩都能把它们扭开。照此看来，我们的买卖恐怕没希望了。"

"我们的什么买卖？"

"嘿，修锁呀！"

"你小子也本性难改！就是这样的村子我们的买卖才好干。门锁越不结实，我们下手岂不是越方便吗？糊涂虫，再去一趟看看！"

接着回来的是少年角兵卫。他是从越户地区来的耍狮子的艺人。直到昨天，他还靠在人家门外表演倒立或翻筋斗，赚钱糊口。

角兵卫边吹笛子边走，头儿在草丛深处还没看到他的影儿，就知道他回来了。

"你怎么总是吱吱地吹笛子？当盗贼是应该尽量不出声的。"头儿责备说，"你小子看到什么了？"

"我顺着河往前走，看到一所小房子，满院子菖蒲花。房檐下有一个须发眉毛全白的老头。"

"嗯，那老头儿装钱的小罐子很可能是藏在房子石台的下面。"盗贼头儿判断说。

"那老爷子正吹着笛子。那笛子虽然粗陋，声音却好听极了。那美妙的笛声，我还是头一次听到呢！老爷爷看到我爱听，便笑眯眯地连吹了三支长曲子。作为答谢，我给老人家连续翻了七个筋斗。"

"你真啰唆！"头儿不耐烦地说，"那后来呢？"

"我跟他说那笛子真好，老爷爷指给我看一片竹林子，说这笛子就是用那地方的竹子做的。我到那地方一看，嗬！数百条竹子发出沙沙的响声……"

"曾听说竹子里出现过金子的光亮，怎么样，你看到没有？"

"我顺着河往下走，看到一座小尼姑庙，庙里站满了人，正在举行浇花庙会，人们往小小的释迦牟尼佛像上倒甘茶水。我也倒了一杯，又喝了一杯。要是有茶碗，我会给你也捎来一杯的。"

"唠唠叨叨的，真是没用。在那样乱哄哄的人群里，应好好瞅瞅别人的衣兜。笨猪崽子，你也再去一趟！"

最后回来的是鲍太郎。他是从江户地区来的木匠的儿子。直到昨天，他还在巡视寺院和神社的门窗，一心想学木匠的手艺。

"你这小子，大概也没看见什么正经东西吧？"

"不，我看到财主了，财主……"鲍太郎激动地说。

听到"财主"二字，头儿立刻露出笑脸："噢，财主吗？"

"财主，财主！是很阔气的财主！"

"嗯！"

"进到客厅，我往天花板一看，是日本九州杉木做的，我家的老父亲要是看到这个，不知该有多高兴。我简直看直眼了……"

说到这儿，鲍太郎猛然想起自己是盗贼，身为盗贼，怎能说这些没出息的话。他不禁惭愧地低下了头，不等头儿吩咐，便转身又回去了。

"啰唆！啰唆！"只剩下头儿一个人，他老脸朝天，仰身躺在草丛里，自言自语道，"当盗贼头儿，也不是个轻松的事呀！"

忽然，"小偷！""小偷！""小偷！""快抓起来！"一大群孩子互相喊叫着跑过来。

盗贼头儿猛地站起身，一时竟不知如何是好。虽说明知是孩子们在喊叫，但他做贼心虚，不免心惊肉跳。是跳进河里逃到对岸，还是钻进草窝里藏起来呢？

孩子们轮着玩抓盗贼的游戏，一会儿又像一阵风似的跑过去了。

"怎么回事？是小孩子闹着玩儿！"盗贼头儿松了口气，"虽然是玩儿，但抓盗贼的游戏，可不是什么好游戏。唉，现在的孩子，不干正经事儿。"

盗贼头儿正自言自语地抱怨着，忽听背后有人喊："伯伯！"回头一看，一个七岁左右的可爱的小男孩牵着牛犊站在面前。看他那白嫩嫩的脸蛋和干干净净的手脚，绝不是个普通人家的孩子，可能是哪家财主的孩子跟伙计到野外来玩的。奇怪的是，这孩子像出远门一样，一双小脚上穿着新新的小草鞋。

"伯伯，这牛请您先给我牵一会儿……"说着，他把红牵绳塞到盗贼头儿手里。盗贼头儿动动嘴唇，正想说点什么，小男孩已去追赶那些远去的孩子们，连头也没回地跑了。

盗贼头儿手里牵着绳子，眼睛望着牛犊，扑哧一声笑了。牛犊子通常是乱蹦乱跳、难以对付的，可是这头牛犊子却出奇地老实，它眨巴着湿润的大眼睛，站在盗贼头儿身边。

"咻咻！"盗贼头儿的笑声一个劲儿地从肚子里往外顶，"啊，真可笑！眼泪都笑出来了……"

可是，盗贼头儿的眼泪却流个不停。

"我这是怎么了，怎么像是哭了一样？"

是的，盗贼头儿确实哭了，但这是快乐的缘故。多年来，他一直被人冷眼相看。走到街上，人们都离他远远的，把门窗关得紧紧的。想打声招呼，人们也会突然收起笑脸，把头转向另一边，就连江湖艺人耍的猴子也不肯搭理他，把他好意送的柿子扔到地上。今天，这个穿草鞋的孩子，却把他当作好人，要他代为照看牛犊，而且连这牛犊也不嫌恶他，把他当作母牛似的贴近。作为盗贼，他还是第一次被别人如此看待！能被别人信任，真是一件值得高兴的事呀！

现在，头儿觉得自己善良的心似乎复苏了。童年时代，他也有过美好善良的童心。可是后来，他的心变坏了。今天，他终于又见到了久别的善良和信任。这就好像每天穿惯了脏衣服，今天欣然换上庆典仪式上的盛装，感到幸福极了！

顷刻间，天色已晚。松蝉也不鸣叫了，村中升起的白色炊烟向野外飘来。孩子们的嬉戏声也渐渐模糊不清了。头儿想，那男孩该回来了。可是，直到孩子们的声音完全消逝后，仍然不见穿草鞋的小男孩回来。

一轮圆月升起，像一面明亮的镜子照耀着大地。远处的森林，不时传来猫头鹰的叫声。

牛犊子向头儿身边蹭来，莫非是饿了？"但是，真没法子，我身上又挤不出奶来呀！"他抚摸着牛犊带有花斑的后背，流下了眼泪。

这时，四个徒弟一起回来了。

"头儿，我回来了！哎呀，牛犊子！哈哈，我们的头儿真有两下子，就这么一会儿工夫，已经做成一笔买卖了！"釜右卫门盯着牛犊子，惊喜地嚷道。头儿怕徒弟们看到他的泪水，忙把脸转到一边。

"哎呀，头儿！你怎么流泪了？"海老之丞问。

"这个……眼泪这东西，流起来就没完……"头儿说着，用袖子擦了擦眼睛。

"听好吧，头儿！我们四个人这次可是用盗贼的眼睛看准了。釜右卫门发现五家有金茶锅。海老之丞看好了五家仓库的锁，用根弯钉就能打开。我这个木匠，也摸清五家房后的板壁很容易锯开。角兵卫也不孬，发现五家的围墙，穿高底木头鞋就能跳进去。头儿，这回该表扬我们了吧？"

鲍太郎神气十足地说着，不料头儿却答非所问："这牛犊是一个孩子要我替他照看的，可是到现在他还没来领。你们出去看看，能不能把那孩子找回来？"

"头儿，你要把牛犊送回去？"釜右卫门有些纳闷儿。

"对，是这么回事！"

"盗贼也干这种事情吗？"

"那是有缘由的，无论如何也得送还。"

"头儿，别忘了我们盗贼的本性啊！"鲍太郎说。

头儿苦笑着把事情的原委讲了一番。徒弟们终于领会了他的意思，同意去找那个孩子。他们边走边默念着："穿草鞋的、可爱的、七岁左右的男孩。"

在月色笼罩的村子里，影影绰绰可以看见野蔷薇和山楂树的白花，五个盗贼牵着一头牛犊走着。他们走过路旁的佛堂，走过柿子树下的库房，到处打听、寻找着。村民有的点上手提灯，仔细照了照小牛犊，都说从未见过。

"头儿，深更半夜了，还这样找下去，恐怕是没有用了，拉倒吧！"锁匠海老之丞疲倦地坐在路旁的石头上说。

"不，无论如何也得找，非还给那个孩子不可！"头儿说。

"没办法了，除非是到村公务员那儿去问问。可是头儿，你决不会到那里去吧？"釜右卫门说。按现在的说法，村公务员就是驻在该村的保安人员。

"嗯，是吗？"头儿沉思了一会儿，抚摸着小牛犊的头说，"好，就去那儿吧！"徒弟们很吃惊，但也只好跟在后面。

打听到村公务员家，盗贼们发现，公务员是一位戴眼镜的老人，他那副老花镜都快要从鼻梁上掉下来了。几个徒弟这才放心了，心想：照这样看，如果出什么问题，把老头推倒撒腿就跑，也来得及。

头儿说明了来意后，老人把五个人的脸都打量了一番。

"你们五个人我怎么从未见过呢？是从哪儿来的呀？"老人问，"是不是盗贼？"

"不，怎么能说些没影的话，我们是走江湖的手艺人，造锅匠、木匠和修锁匠……"头儿慌忙回答。

"嗯，你们不是盗贼！盗贼是不会送还东西的！实在对不起了，你们一片好心把牛犊送到这儿来，我还说些怪话。真是当官差当惯了，养成了怀疑人的坏毛病，只要看到生疏的人，就怀疑他是不是骗子、掏包的。好吧，千万不要见怪！"

老人解释了一番，再次向他们道歉，把牛犊收下，叫仆人把它送到仓库那边去。

"走江湖的都累了吧？我刚才从西边公馆太郎先生那儿弄来一瓶好酒，本想在房檐下赏月时喝，你们来了正好，咱们一起喝，交个朋友怎么样？"这位善心老人说着，把五个盗贼领到房檐下走廊上。夜色中，五个盗贼和公务员一起开怀畅饮，就像有十多年交情的老朋友那样有说有笑。忽然，盗贼头儿鼻子一酸，眼睛又湿润了。

看到这情景，老人说："我看你是爱哭的能手，我可是爱笑的能人，看到有人哭，就格外想笑，你可不要见怪！"说着，他张嘴笑起来。

"唉！眼泪实在是止不住地往外流啊！"头儿眨巴着眼睛说。

最后，五个盗贼起身向老人道谢一番，告辞了。走到

被写进故事的小偷

路旁的柿子树下，头儿好像又想起什么似的停住了脚。鲍太郎问："头儿，你忘了什么东西吗？"

"嗯，忘东西了，你们和我一起再回去一趟。"说完，领着徒弟又回到公务员家。

"老先生！"头儿手扶着房檐下面的台子说。

老人笑着问："怎么啦？显出一脸难过的样子，要把爱哭的秘密告诉我吗？哈哈……"

"老先生，我不能不跟您说实话，我们这些人都是盗贼。"老人听了这话，吃惊地瞪大了眼睛。

"老先生，您惊讶是有道理的，我本来不想把实情告诉您，可是您老人家是好心人，看到您把我们当正派人看待，我就没法欺骗您老人家了。"

盗贼头儿把自己过去干的坏事全都坦白了，最后请求说："他们四人是昨天刚刚入伙成为我的徒弟的，还没做什么坏事，请您大发慈悲，饶恕他们吧！"

第二天早晨，锅匠、锁匠、木匠和小艺人都离开花木村，各奔他乡了。

（刘文刚 译）

新美南吉是日本著名的童话作家，被誉为"日本安徒生"。这个关于盗贼的故事，讲述了信任与友善的重要。花木村的这几个盗贼的出场具有戏剧性。四个新入伙的盗贼"本性难移"，而改变最大的还是盗贼头儿，他因为一个男孩的信任而改邪归正。请你读完后找出文中描写盗贼头儿心态的语句，体会他心理的变化。

成长的滋味

诗意的故乡

导读

　　小主人公徐超逸在倒霉的周一意外被老师授予了一道杠，这是倒霉的延续，还是幸运的转机呢？让我们走进故事来一探究竟吧。

一条杠也是杠

冯与蓝

　　星期一早上，我刚想出门，爸爸忽然对我说："我发现一个规律。"

　　看他的样子，神秘兮兮，欲言又止，我很好奇，"什么规律啊？"

　　爸爸说："我发现你每个礼拜一都有点倒霉。"

　　这是什么话，谁的爸爸会说自己小孩倒霉！

　　"这话不是我讲的。"爸爸说，"是你自己说的，你每个礼拜一放学回家，都会说，哎呀今天真是倒霉死了！"

　　真的吗？我狐疑地看着爸爸——其实我不太喜欢"狐疑"这个词，但是我找不出一个词形容自己满脸问号的样子。

"当然是真的，要么你上学路上好好想想。"爸爸拍拍我的肩膀，"过马路当心。"

然后我就一边走一边想。

上个星期一，数学期中考试成绩出来了，整整六分的一道应用题，我空着没有做，其他题目我都对，全部对，差一点就是一百分。要是这道漏做的应用题难一点，我还可以安慰自己，偏偏简单得要命，简单得用脚都能做对。我徐超逸个人历史上第一个数学一百分就这么没了，你说我倒霉不倒霉？

上上个星期一，我教李冉折纸飞机。李冉这家伙，看上去蛮聪明，动手能力一点也不行，他折的飞机，头大身体轻，刚一脱手，就直接掉到地上。我帮李冉折好飞机，对准机头哈口气，轻轻向前一抛，纸飞机飘飘荡荡，顺着风向飞出窗口，一直飞到底楼巡视的教导主任张老师头上！李冉说要死啊你的水平太高了，那么现在怎么办？我心里比他还紧张，嘴巴上说反正张老师不知道是谁扔的，我们就当什么事也没发生。过了一会儿，张老师走进我们教室，手里拿着那架纸飞机——确切地说，当时纸飞机已经不再是纸飞机，它被重新打开，又变成了一张纸，上面清清楚楚写着一行字："五（3）班 徐超逸"……谁让我用练习本封面折飞机呢？真是太倒霉了！

上上上个星期一，下课的时候，我在讲台前学黄佳佳唱歌。我学黄佳佳唱歌一点恶意也没有，黄佳佳是我们班唱歌最好的女同学。我学她唱歌，只是因为好玩。我学得稍微夸张了一点点。刚唱了两句，底下大笑的同学们忽然不笑了。他们脸变得太快，我一下子反应不过来。要是我反应过来，马上闭嘴不唱，可能情况就会好很多，但是当时我唱得摇头晃脑，声情并茂，根本没发现金老师已经站在门口。李冉这个人，一点也不讲义气，要是他朝我使个眼色，没准我还能少唱两句。现在好了，除了倒霉我还能说什么呢？

上上上上个星期一……

我一边走一边想，好像我每个礼拜一真的都会倒霉啊。那么今天会发生什么倒霉的事情呢？

想到这个，我有点紧张。不管怎么样，小心些总归没有错。我就像一个怀里揣着定时炸弹的人，不知道炸弹什么时候爆炸，又不能告诉其他人，只好小心翼翼，提心吊胆，装成若无其事地走进教室，坐到座位上去。

我的同桌冯与蓝对我的表现深感奇怪。

"咦？"她说，"你今天正常得吓死人。"

听她的口气，好像我一定要在讲台前扭来扭去唱歌，折了纸飞机飞到楼下去，给老师批评个十次八次，我才是真的我。

换作平时，我一定会说："什么叫正常得吓死人啦，你又没有死！"

我还会说："看见正常人就要吓死，你肯定不正常！"

她一定不甘示弱，反唇相讥，于是我们又要你一言我一语地斗嘴。

但是今天，这一切都没有发生。

想说的话就在嘴边，我硬是咽回了肚子里。

谁叫我每逢星期一就倒霉呢，俗话说小不忍则乱大谋。一个字，忍。

冯与蓝看见我刚张开的嘴又马上闭起来，一言不发地坐在椅子上，肯定奇怪得要命。她对朱伟业说："你看看今天徐超逸是不是有问题啊？"

朱伟业用他一贯坚定的语气说："他每个礼拜一都有点怪兮兮的。"

毫不夸张地讲，整个上午，我真是做到了老老实实、规规矩矩。要是我一直保持老老实实、规规矩矩，说不定一整天就这么太太平平地过去了。没有想到午会课上会发生那样的事。搞得我整个下午都慌里慌张，手足无措，完全不知道应该怎么办才好。

午会课到底发生了什么事，说出来也没什么大不了的，无非就是进行了一次小队长的推选。

不是大队长，不是中队长，只是小队长。

这个学期，我班转走了一位同学，空出了一个小队长的名额。"就一个哦，"金老师说，"只有一个名额也要认真对待，大家先说说心目中的最佳人选，然后再投票表决。"

换作平时，我肯定高高举起手，大声说："我要推选李冉！"

然后同学们哄堂大笑。

李冉怎么可能当上小队长，他听见我推选他，肯定满脸通红，红得像猪肝一样。

李冉脸红的样子实在太好玩了！

我的手快要举起来了，但又忍住，我告诉自己，不可以随便举手，要记住今天是星期一。

我把右手插进裤袋，不让它自说自话地举起来。

这时候，李冉站起来说："我要推选徐超逸！"

然后同学们哄堂大笑。

我的脸到底有没有红，我自己是看不见的。我只觉得

空气一下子变得很凉。

吴斌说："我也推选徐超逸！"他把"也"字说得特别响，坐下去的时候还朝我挤挤眼睛，好像帮了我很大一个忙。

盛卫国也跟着举手，说："我……我……我也推选徐超逸！"

盛卫国有点口吃，平时说话很慢，激动起来连话也说不清楚，今天居然把我的名字念得一清二楚。

金老师说："看起来推选徐超逸的同学很多。"然后她问我同桌："你觉得呢？"

冯与蓝说:"徐超逸是去年转学来的新同学,很快就和大家打成一片,学习上嘛……"她瞟了我一眼,"还是有点进步的。最主要的是,他待人很真诚,同学有困难,他肯定主动帮助,就算有时会帮倒忙,态度也是热情的……"

同学们又一阵大笑。我敢百分百肯定,这个时候,我的脸一定红得像猪肝一样。

最后,我竟然真的以很高的票数当选为小队长,金老师把小队长标志别到我的袖子上,同学们一起鼓掌。就像做梦一样,你知道吧,就是脚下软绵绵的,像踩在棉花上,你明明看得清楚,听得清楚,偏偏觉得眼前的事情好像发生在别人身上。

整整一个下午,我都感觉左手臂不对劲。

有点酸,有点麻,还有点痒兮兮。我把手臂抬高,放下,再抬高,再放下,好像比平时重了好多。

朱伟业说:"你这么紧张干什么,不就是当个小队长……"

我说:"我哪有紧张!"

为了表明我的不紧张,我决定表现出镇定自若的样子,即使下课也不大声说话,不手舞足蹈,以免被人说:"瞧,才当了一条杠就激动了!"

李冉笑嘻嘻地走过来，好像有话要对我说。我一本正经地问："什么事？"

"哎哟——"李冉叫起来，"你脸板得像包公一样！"

回到家，还没放下书包，我妈妈就先看到了我手臂上的一条杠。

"咦——"她用手指着一条杠，一下子说不出话来。

用哥伦布发现新大陆来形容妈妈的表情是有点俗了，她发现的是比哥伦布发现的新大陆更新的大陆。

我的左手臂又开始酸酸的，麻麻的。

"怎么回事啊？"她大惊小怪地扯住一条杠，看正面，看反面，像在做文物鉴定。

"我也不知道怎么搞的。"我说，"有点莫名其妙。"

妈妈的脸顷刻间挂了下来，"你老实说，是不是把谁的一条杠拿回来玩了？"

我的妈妈就是这样的人，天天都希望我进步，做梦都想听见老师表扬我，一旦我真的进了步，她又觉得幸福来得太突然简直就是不可能。

我没有很委屈地跟她争辩，大声说这明明是我自己的一条杠，凭什么小看我，凭什么冤枉我。我决定从今天开始换一种方式跟她交流。于是我很冷静很沉着地告诉她：

"谁吃饱了饭会把别人的一条杠拿回家玩啊，一条杠有什么稀奇，我们班有八个一条杠！"

妈妈说："一条杠是很多的，但是你戴一条杠是破天荒第一次，难道我不该大吃一惊吗？"

话虽这么说，据我观察，她大吃了绝对不止一惊。

吃晚饭的时候，她像往常一样，拼命往我碗里夹青菜，还时不时看看我的一条杠。

我只好随便她看。难道我可以说："妈妈，你不要再看了，看得我难过死了！"我能这么说吗？

我猜这是因为妈妈念书时也没戴过一条杠的关系。她自己说的，她上学比别人早，成了班里年龄最小的学生，别的同学上课坐得笔挺，她一个人坐在第一排吃手指头。

从小当班长的爸爸就比妈妈坦然多了。一条杠挂在我手臂上很长时间，他都没有多看一眼。

爸爸的表现也叫我不解，我倒是希望他多跟我聊聊，问问我怎么戴上了一条杠。是他发现我每个礼拜一都要倒霉的，那么现在我戴了一条杠回来，他难道不想发表一下看法吗？

爸爸什么也没问，很轻松地吃饭，还和妈妈聊起了单位的事。

我只好慢吞吞把饭吃完。

妈妈又大吃一惊，"你居然把青菜吃光了？"

"是啊，怎么了？"

"你不是最讨厌吃青菜吗？"妈妈说，"每次你都要剩下好多，说再吃就要吐了。"

唉，你每天孜孜不倦往我饭碗里夹青菜，说青菜有营养，说要荤素搭配吃，难道不是希望我能吃光吗？我心里这么想，没有问。一条杠挂在手臂上，我不大关心别的问题。

妈妈一边收拾碗筷，一边自言自语："奇怪了……"

我看看爸爸，他好像一点好奇心也没有。我想该怎么开口跟他说话。

他发现我在看他，"嗯？"他抬高眉毛，表现出疑问的神色。

我摸摸头，抓抓脖子，不知道怎么讲。

"有话对我说？"

"呃……也不是……唔……算是吧……"

"到底是不是？"

我发现自己的确很反常！

我对爸爸说："这个一条杠让我神经有点紧张！"

爸爸说："你也会紧张？"

当然，谁都会紧张，即使是我徐超逸。

但是，徐超逸居然在为一条杠紧张，我开始怀疑自己不是徐超逸了！

我的意思是，要是我戴了两条杠、三条杠，那么我紧张，还情有可原。可现在只有一条杠！

"你是担心自己当不好小队长？"

"怎么可能！"我说，"小队长，人人都会当的，我怎么会当不好？"

"那你为什么紧张？"

"因为我不想当小队长，他们硬要我当，我觉得很麻烦，所以紧张……"

越说声音越轻，自己都觉得不像话。刚刚上学的时候，我羡慕人家戴标志的大哥哥大姐姐，就自说自话用红颜色水彩笔在手臂上画了一条杠。本来要画两条杠，我嫌画起来太麻烦，就很谦虚地画了一条。

所以，我怎么可能不想当小队长？

但是，当了小队长，要每天收齐一个小组的作业本，要轮流负责值日生劳动，要在犯了错误的时候被老师和同学说："你还是一条杠哦……"想想就麻烦，连头都要想痛了。

"但是你说小队长人人都会当的。"

"是人人都会当的啊……"

我不说话了，爸爸也没继续问下去。脑子有点晕乎乎。我把想说的话都说出来了，为什么反而糊涂了？

第二天早晨，我背好书包，想把小队长标志戴到左手臂上。

给自己戴标志有点难度，我拧着脖子，很吃力地试了几次，不是戴歪了就是别针别不上去。

"我帮你戴。"爸爸走过来，接过我手里的一条杠，"我觉得一条杠还蛮有意思的，你看啊，你把它去掉一半，它也是一条杠，你把它竖起来，它还是个1……"

"只不过是个1，"我嘴里嘟囔，"而且一不当心就回到了0……"

"1回到0，只是少了1而已，但是你有了1，就可以变成2，变成3，变成4……一直变下去。"

"那要是变成2，变成3，变成4以后，还会不会回到0啊？"

"你想得还蛮远！"爸爸说，"不一定，也许会的，有这个可能。"

"那么怎么办啊？"

"还能怎么办，已经是0了，那就再争取1咯，反正已经有经验了，应该不难吧。"爸爸帮我理了理书包肩带，"好了，快点走吧，过马路小心。"

我走到门口，有点不放心，回头又问："那么0会不会变成负1啊？"

"哪来这么多问题！"爸爸眼睛一瞪，"要迟到了还不快走！"

我只好背着书包去上学。

从今天开始，我要负责收齐小组的作业本，再把整理好的作业本交给课代表。听上去，这件事情只要分两步：收齐本子、交给课代表。但是，只有我才知道，要把本子收齐，会有多大的困难。因为我以前就是全组交作业最慢的一个。

我交作业慢不是没有理由。我也搞不清楚为什么一到交作业，我的书包就变得非常大，结构变得异常复杂。作业本明明放在专门放作业的那一层，常常翻遍了也找不到，我只好找遍每一个隔层，恨不得把头都钻到书包里去。也不是每天都找不到作业本，有时候很快就找到了，只是我不想那么快就交给小队长，我会把作业本捏在手里，假装递给小队长。小队长伸手来拿，我很快把本子移开，小队长会说你快点把本子给我。我就再假装一次。我的反应蛮快的，小队长经常扑到东，扑到西，累个半死，作业本还牢牢捏在我手里。每天早上，我不是在找本子，就是在和小队长玩抢本子游戏。小队长不承认和我玩游戏，每次抢来抢去抢不到本子，他就会大叫一声："不交拉倒！"然后把手里的作业本交给课代表。我只好乖乖地把作业交过去。

　　我把书包放下，深深吸一口气。我想，要是有人说作业本找不到，我就说我来帮你找。反正我积累了很多藏本子的经验，肯定马上能找到。要是有人要跟我玩抢本子游戏，也不要紧，根据我的判断，我们这一组没人比我反应更快，他们一定抢不过我的。我想得清清楚楚，然后走到第一排，还没等我开口，坐在第一排的黄佳佳就把作业本交给了我。我拿好作业本，走到第二排，看见周文俊正埋头翻书包。很好，英雄有用武之地了。我捋起袖子，刚想说我来帮你找，周文俊猛一抬头，兴奋地说："找到了！"立刻把作业本塞到我手里。朱伟业就更别提了，他早早地把作业本放在我的课桌上，还很热情地招呼坐在最后一排的刘浩，"要收作业了，作业本快点找出来！"刘浩也不含糊，动作干脆利落。几乎就在眨眼间，我们小组的作业全齐了。

怎么会这么快！我有点想不通。

我把语文作业交给冯与蓝——她是语文课代表——我说："今天怎么交得这么快……"

冯与蓝说，不，她几乎是叫起来："还不是因为你准时交了作业！全班就数你最慢！"

这我倒没想到，搞得我都有点不好意思。

她又说："收本子不难，明天放学值日轮到你负责，这才是考验。"

一说起值日，我立刻想起以往每次值日，我和李冉举着扫帚扮孙悟空三打白骨精的事，我们总要为谁当孙悟空吵得不可开交。现在只剩下李冉"大闹天宫"，既然爸爸说我的一条杠能变成许多东西，不知道能不能变成金箍棒呢？要是真的可以变成金箍棒，我该怎么用？肯定不能再跟李冉打打闹闹，金箍棒打下去要出事的。那么就让李冉一个人去闹，我们管自己打扫，他玩累了，没劲了，肯定只好乖乖扫地。可是，万一我管不住自己，也想玩了，我拿了扫帚和李冉又噼噼啪啪打起来，怎么办？……戴一条杠简直就像打超级玛丽，只能一关一关地过，弄不好卡在哪个关口，横竖过不了关，那就只好重新再来。谁说当一条杠轻松？

我胡思乱想了一通，想到明天，还不知道会发生什么事，不免有点兴致勃勃。虽说目前为止，一条杠仍然只是一条杠，可是你真的不能小看它，没准你给它一个支点，它还能撬起整个地球呢。

 **牟手阅读**

　　冯与蓝，中国儿童文学作家，创作有大量流行的当代儿童文学作品，著有长篇童话《一只猫的工夫》、儿童小说《挂龙灯的男孩》等。本文以生动风趣的语言，巧妙运用设置悬念和铺垫的手法，讲述了一个"差生"在倒霉的周一意外得到"一条杠"的故事，文章情节富有节奏感、贴近生活，反映出儿童的烦恼与儿童微妙的心理。小主人公徐超逸因为得到"一条杠"，对肩上的责任感到压力，也因思虑得与失的问题而备感紧张，但在与父亲沟通和亲自完成任务的过程中，逐渐改变了自己，开

成长的滋味

始了新的成长。这说明，一个并不起眼的荣誉、一份看似微小的责任，都有可能带给我们重新审视自己的机会，从而迎来巨大的改变。那么同学们，你对小主人公获得"一条杠"有什么看法呢？你认为这"一条杠"在小主人公身上发挥了什么样的作用呢？

一天的等待

［美］海明威

他走进我们房间关窗户的时候，我们还未起床。我见他一副病容，全身哆嗦，脸色苍白，步履缓慢，好像一动就会引起疼痛。

"你怎么啦，宝贝？"

"我头痛。"

"你最好回到床上去。"

"不，我很好。"

"你先上床。我穿好衣服后就来看你。"

可是当我来到楼下，他已穿好衣服，坐在火炉旁，显出一副重病在身的九岁男孩的凄惨模样。我摸了摸他的额头，知道他发烧了。

"你上楼去睡吧，"我说，"你病了。"

"我没病，"他说。

医生来后，量了孩子的体温。

"多少度？"问医生。

"一百零二度。"

下楼后，医生留下用不同颜色胶囊包装的三种药，并嘱咐如何服用。一种是退烧的，另一种是通便的，还有一种是去酸的。他解释说，流感细菌只能在酸性环境中存活。他似乎对流感很内行，并说，如果高烧不超过一百零四度，就用不着担心。这是轻度流感，要是不引起肺炎，就没有危险。

我回到房里，记下了孩子的体温，并对各种胶囊的服用时间做了记录。

"想让我读点书给你听吗？"

"好的，如果你想读的话，"孩子说。他脸色苍白，眼窝下方有黑晕。他躺在床上一动不动，对周围发生的一切无动于衷。

我朗读霍华德派尔的《海盗的故事》，但我看得出他并没在听我朗读的内容。

"你感觉怎么样，宝贝？"我问他。

"到目前为止，还是老样子。"他说。

我坐在床脚边自个儿看书，等着到时间再给他服一粒胶囊。按理，他本该睡着了，然而，当我抬头看时，他却双眼盯着床脚，神情异常。

"你为什么不试着睡觉呢？到吃药时，我会叫醒你的。"

"我宁愿醒着。"

过了一会儿，他对我说："你不必待在这里陪我，爸爸，要是你嫌麻烦的话。"

"不嫌麻烦。"

"不，我是说，要是你过一会儿嫌麻烦的话，你就不必待在这里。"

我想，或许他有点儿神志不清了。十一点钟，照规定给他服药后，我便出去了一会儿。那是个晴朗而又寒冷的日子，地上覆盖着一层已结成冰的冻雨，因此看上去仿佛所有那些光秃秃的树木，那些灌木丛，那些砍下来的树枝，以及所有的草坪和空地都用冰漆过似的。我带着我那条爱尔兰红毛小猎犬，沿着大路和一条冰冻的小溪散步，但在这玻璃般光滑的地面上站立和行走是很困难的。那条红毛狗一路上连跌带滑，我自己也摔倒了两次，摔得挺重，一次摔掉了猎枪，使猎枪在冰上滑出去老远。

高高的土堤上长着倒垂下来的灌木丛，我们从那下面撵起了一群鹌鹑。当它们快要从堤岸顶上消失时，我击落了两只。有几只鹌鹑停落在树上，但大部分飞进了一堆堆的柴垛中。你得在这些被冰裹着的柴垛上跳上好几下，才能把它们撵出来。当人在这些既滑又有弹性的树枝上摇摇晃晃尚未立稳之际，它们却飞了出来，使你很难射中。我击落了两只，逃掉了五只。动身返回时，我感到很高兴，因为我在离房子不远的地方发现了一群鹌鹑，而且还剩下许多，改日可再去搜寻猎取。

回到屋里，他们说孩子不让任何人进入他的房间。

"你们不能进来，"他说。"你们千万不要传染上我的病。"

我来到他身边，发现他仍像我离开时那样躺着。他脸色苍白，但两颊上部烧得发红，眼睛依旧一动不动地盯着床脚。

我量了他的体温。

"多少？"

"大约一百。"我说。实际上是一百零二度四分。

"原先是一百零二度。"他说。

"谁说的？"

"医生。"

"你的体温没问题，"我说，"用不着担心。"

"我不担心。"他说，"但是我不能不想。"

"不要想。"我说。"放心好了。"

"我很放心。"他说着，眼睛直盯着前方。显然，他有什么心事，但在尽力控制着自己。

"将这个用水服下。"

"你看这有用吗？"

"当然有用。"

我坐下来，打开了《海盗故事》，开始读给他听，但我看得出来他不在听，于是我停了下来。

"你看我大概什么时候会死？"他问道。

"什么？"

"我大概还有多少时间就要死了？"

"你不会死。你怎么啦？"

"啊，不，我会死的。我听到他说一百零二度。"

"人不会因为得了一百零二度的高烧而死去的。你是在说傻话。"

"我知道会的。在法国上学的时候，同学告诉我说，烧发到四十四度就不能活了。我已经一百零二度了。"

原来自上午九点起，整整一天他都在等死。

"你这可怜的宝贝，"我说，"哦，可怜的宝贝，这就像里和公里。你不会死的。那种温度计不一样。在那种温度上，三十七度是正常的。在这种温度计上，正常体温是九十八度。"

"你肯定？"

"绝对没错，"我说。"这跟里和公里的区别一样。你知道，就像我们车速开到七十里该折合成多少公里一样。"

"噢。"他说。

他那凝视着床脚的目光松弛了。他的紧张状态也终于缓解了。第二天，越发轻松了。为了一点无关紧要的小事，他会动辄哭起来。

（汤伟 译）

　　欧内斯特·米勒·海明威（1899—1961），美国作家、记者，被认为是20世纪最著名的小说家之一。他一向以文坛硬汉著称。在《一天的等待》中，孩子表现出了两种不同的状态。在以为自己即将死亡时，他似乎超脱了孩童的秉性，变得更加平静、懂事；而得知自己不会死以后，才终于将"一直绷着的那股劲儿"松下来。我想，这便是死亡的力量。生命之花，如同夏花之绚烂。我们尚有许多美好事物未曾体验，更应该珍重生命，满怀希望地迎接未来。为什么孩子会在以为自己即将死亡的时候变得安静懂事？说一说本文带来的启示。

诗意的故乡

导读

11岁的孩子能够做什么？在大多数的孩子还围绕在父母的保护当中时，文中的小约翰尼已经承担起了家庭的责任。让我们看看他是怎么做的。

11岁的买卖

［美］托西奥·莫里

一天，他走到我的房子前，在门上敲了敲，随即卖给我一册《星期六晚邮》杂志，这是我们友谊的开始，也是我们商业关系的开始。

他名叫约翰，11岁，我叫他约翰尼。这本是一个为棒球、为足球或者为钓鱼而疯狂的年龄，但他没有，相反地，他又一次上门来并做起了生意。"我想你这儿有不少旧杂志。"他说。

"是的，"我说，"地下室里有各种各样的杂志。"

"你能让我看看吗？"他问。

"当然可以。"我说。

我带他到地下室，那儿有一大沓一大沓的杂志堆在角落里，那个小男孩马上走到那堆杂志前，拿起一些杂志并检查每一期的日期和名字。

"你要留着这些杂志吗？"他问。

"不，你可以拿走。"我说。

"不，我不会白白拿走它们的。"他说。

"你不用付一分钱。"我说。

"不，我想买它们，"他说，"你要多少钱？"

这是一个11岁的男孩，却那么严肃和坚定。

"你要这些旧杂志做什么？"

"我准备卖了它们。"他说。

我们双方协商好满意的价格，我同意让他以每册杂志3美分的价钱把杂志买回家。第一天他买走了一册《乡绅》、两册《星期六晚邮》、一册《斯克里布纳》、一册《大西洋月刊》和一册《煤矿工人》。他说他很快就会回来买更多的杂志。

几天后他又来到我家。

"你的杂志卖得怎样了，约翰尼？"我问。

"我把它们全部卖掉了，"他说，"我一共得了70美分。"

"好样的，"我说，"你怎么做到的？"

约翰尼说，当他去他常去的地方卖《星期六晚邮》时，他会问人们是否有特别想要的旧杂志。有时，他说，人们会出简直让人难以置信的价钱去买他们曾经错过的杂志，并非常想看一些特别的文章或者图片，又或者他们最喜欢的作家的故事。"你是一个聪明的男孩。"我说。

"爸爸说，如果我想成为一个推销员，一个优秀的推销员，"约翰尼说，"我以后就会成为一个出色的推销员。"

"说得好，"我说，"你父亲是干什么的？"

"爸爸什么也不干。他待在家里。"约翰尼说。

"他病了还是有别的什么原因？"我问。

"不，他没病，"他说，"没有一点毛病。"

"你卖《星期六晚邮》多久了？"我问。

"5年，"他说，"我6岁就开始卖旧杂志了。"

"你父亲有你这么聪明的儿子真幸运。"我说。

几天之后，我又一次看到约翰尼站在门口。

"你好，你已经卖掉那些杂志了吗？"

"没有全部卖掉，"他说，"还剩下两册。但我另外想要些杂志。"

"行，"我说，"你会有好生意的。"

"是的，"他说，"这些天我生意不错。这一周我打破了自己卖《星期六晚邮》的纪录。"

"卖了多少？"我问。

"这周卖了167册，"他说，"如果能卖75或100册，大部分男孩会感到幸运。但我不会。"

"你家里有几个人，约翰尼？"我问。

"算我有6个，"他说，"父亲，3个弟弟，2个妹妹。"

"你母亲呢？"我问。

"母亲一年前去世了。"约翰尼说。

他待在地下室里整整一个小时，按他的想法把杂志分类。当他拿起每册杂志彻底检查一遍时，我就站在一旁和他说话。我问他近来旧杂志是否好卖，他说很好卖。他以60美分的价钱卖了50周年纪念日的那一期《斯克里布纳》。然后他说这周卖《乡绅》和《名利场》时，做了几笔好生意。

"你有一个聪明的头脑，约翰尼，"我说，"你找到了挣钱的新路子。"

约翰尼笑笑，没说什么。然后他聚集好他挑选出来的

14册杂志，并说他现在得走了。

"约翰尼"我说，"今后你只付每册杂志2美分就可以了。"

约翰尼看着我。"不，"他说，"3美分挺好的，你也得盈利啊。"

一个11岁的男孩——我看他迈着小小的商人的步伐走了出去。

第二天一早他就来了。"这么快就回来了？"我问。

"昨天的是全部预订好的，"他说，"我今天想再要一些。"

"你肯定做了一笔好生意。"我说。

"人们很了解我，我也很了解他们。"他说。大约几分钟后，他挑出了7册杂志，说这是他今天要买走的全部杂志。

"我准备带爸爸去买东西，"他说，"我今天准备给他买一顶帽子和一双鞋。"

"他一定会很开心。"我说。

"他当然会，"约翰尼说，"他叫我早回家。"

所以他说他先带这7册杂志给那些预订好的顾客们，然后跑回家接父亲。

两天后约翰尼又要了一些杂志，他说有一个住在前一栋大厦里的华特曼先生想要所有有西奥多·德莱赛故事的杂志。然后他继续讲他另外的一些顾客，华特小姐，学校教师，读海明威，她总会买走他每一次带来的许多有海明威故事的杂志。一个11岁的男孩能记住顾客们的喜好而不混淆，真让人惊讶。

一天，我问他长大后想干什么，他说他想要一间完全属于自己的书店。他说他可以处理旧书和旧杂志，还可以卖新书，他会拥有海湾区最大的书店。

"这是个很好的梦想，"我说，"你会成功的，只要保持你的好生意并留住你的顾客。"

同一天的下午，他拿着几份包裹又转了回来。

"这是给你的。"他说，交给我一个包裹。

"这是什么？"我问。

约翰尼笑了。"打开来自己看。"他说。

我打开一看，是一个阅书架，一件小小的礼物，但很有用。

"我给每位顾客一份这样的礼物。"他说。

"分发这样的礼物太贵了，约翰尼，"我说，"你会失去你所有的利润的。"

"我买来时挺便宜的，"他说，"我把这些礼物分发给顾客，好让他们记住我。"

"这也对，"我说，"你做了一个好的决定。"

从那以后，他大约来过6次，每次都买走10册或12册各种各样的杂志。他说他干得挺好的。而且，他说他现在卖《星期六晚邮》时也顺带卖《自由》。

接下来的两周我没再见过他。我弄不明白，他从来都是不超过两三天就到我这里来的。肯定出了什么问题，我想，他肯定是病了。

一天，我看到约翰尼站在门口。"你好，约翰尼，"我说，"你这段时间去哪里了？你病了吗？"

"不，我没生病。"约翰尼说。

"出了什么事？发生了什么？"我问。

"我要搬走了。"约翰尼说。

"坐吧，"我说，"告诉我全部事情。"

他坐下，告诉了我这两周发生的事。他说他爸爸要去和一个他，约翰尼，不认识的女人结婚。现在，他爸爸和那个女人说他们将要搬到洛杉矶去。而他全部所能做的，就是跟着他们走。

"我不知道该说什么，约翰尼。"我说。

约翰尼什么也没说，我们静静地坐着，看着时间一点点流逝。

"丢掉你的好买卖太可惜了。"我最后说。

"是的，但我可以在洛杉矶卖杂志。"

"是的，确实是。"我说。

然后他说他必须走了。我祝他好运。我们握握手。"我会再来看你的。"他说。

"当我将来某一天去洛杉矶，"我说，"我会在城里最大的书店里找到你。"

约翰尼笑了。他要离开了，我在街道上看了他最后一眼。他像一个出色的商人一样走着，轻快地、精力充沛地、目标明确地走着。

（李杰玲 译）

诗意的故乡

牵手阅读

俗话说"穷人的孩子早当家"，文中的约翰尼不仅自然而然地承担起了赚钱养家的重任，而且拥有很好的经济头脑，会根据顾客的喜好去售卖商品，取得更高的效益。是金子到哪儿都会发光，即使由于生活所迫搬家，丢失了原有的顾客基础，也一定会在新的地方，找到全新的生活机遇。无论什么样的命运，有足够的思考和信念作为养料，都可以开出花来。文中的孩子有哪些性格特征？你认为想做一个成功的人需要具备哪些特质呢？

导读

你有下定决心要做的事情吗？准备什么时候开始？不如就现在吧。你看，12岁的少年也可以改变世界呢！只要肯用心，你一定也可以。

12岁成立基金会

［加拿大］提姆·柯伯格

罗斯福自由勋章、加拿大总督功勋奖、世界儿童奖，联合国儿童大使，三次获诺贝尔和平奖提名，被联合国评为"未来20个全球领袖"之一——这些奖项与名衔的获得者，是一位年仅27岁的青年。他创立的儿童教育基金会已在许多发展中国家的贫困地区建立了几百所学校，其中在中国的辽宁、甘肃、河北建立了15所农村小学。在读大学期间，他用获得的优异奖学金养活自己，而每年通过演讲、出版书籍等获得的150多万美元，全部归入自己创办的解放儿童教育基金（FREE THE CHILDREN，简称FTC）中。

他的一句名言"改变世界，不一定要等到我们长大"

成长的滋味

097

震撼了成年人的世界，使他们看到了原来认为需要他们保护的柔弱少年们的力量。他的名字叫作克雷格·柯伯格。这位加拿大青年所有成就的起点是在他的 12 岁。

1995 年的一天，12 岁的柯伯格在报纸上翻找漫画的时候，被一条新闻吸引了：一位与他同岁的巴基斯坦少年，由于揭露当地地毯生产工厂里童工的恶劣生存状况而被杀害。"他为童工权益说话，在我眼中，他是一位英雄，"柯伯格说，"我突然意识到就算是孩子也可以改变世界。"

第二天，他把那份报纸和查到的资料拿到班上读给同学们听，然后问，谁愿意和我一起帮助童工？结果有 11 只手举了起来。通过他们，柯伯格筹到了 630 加元。他用这笔钱建立了 FTC 基金会。但是，这么一点点钱能起的作用实在有限，因此，柯伯格在学校和附近社区演讲，写信给各个报纸、加拿大总督，甚至美国总统。在几个月后的一个工会联盟的演讲中，他筹到了 15 万加元。

同时，柯伯格读了大量的关于人权方面的书籍和资料，并在父母的同意下，跟随一位加拿大人权工作者阿兰姆·拉曼在南亚地区进行考察。在那里，他发现了童工问题背后的可怕现实，在《解放儿童》这本书中，他写下了此次经历。

认识到解决童工问题最有效的方法就是教育，柯伯格通过FTC，在广大发展中国家建立了多所"友谊学校"，同西欧、北美等发达国家和地区的学校联谊。通过这些学校，FTC向1000多所学校提供日常生活和卫生用品，并且筹款建立了300多个农村学校。在全世界的关注下，FTC已发展成为世界最大的、范围涉及35个国家和有10万青少年参与的"儿童救助儿童"国际组织。

正是由于这种悲天悯人的情感才为他争取儿童权益的斗争提供了无穷的动力，正如他所说的："我们已经实现了技术的全球化、商业的全球化和文化的全球化，但我们还没有实现同情心的全球化，这正是我们所遗忘的。"

（佚名 译）

 **牵手阅读**

少年柯伯格不仅打破了固有的惯性思维，还用他的悲悯情怀和出色口才赢得了许多人的支持和尊重。改变，随时都可以开始。你想改变世界吗？少年柯伯格有什么样的品质值得我们学习？

生命之重

导读

在作者十六岁时，哥哥患绝症去世。一直依赖哥哥的她，在这一刻感到不知所措，让我们一起走进作者的内心世界。

你使我忽然沉默，哥哥

李东华

我十六岁那年，哥哥身患绝症离我而去。

当你在午后的阳光中静静合上眼睛

当你留有余温的手从我指间倏然滑落

当你来去如风的身影　你在蓝天下

纵情洒落的笑声　还有初恋　还有你

刮过我鼻头的宽宽手掌　还有窗外

那株紫丁香在你身上摇曳的花影

还有那场痛哭或者生命的纠纷　还有

你年轻的心　都化作了比黄土

还要轻的　骨灰一抔　哥哥

你使我忽然沉默

就像乌云覆盖太阳　你离去的阴影

覆盖了我十六岁晴朗的天空

如果生离死别是命定的内容　如果

一切快乐不过是飘过水面的风

是雪是雾是冰　是所有易融化的东西

如果注定我要在这一天学会面对苦难

注定　一些美好丢失　那也不应该

是你　是的　不应该在我的小手

还需要挎着你胳膊的年纪　哥哥

你使我忽然沉默

好吧　哥哥　我听你的话不用眼泪

为你送行　好吧　就如你说的

在生生死死面前　我一定风度从容

我一定打开窗户　在每一个没有你的

夜晚　告诉自己　没有月亮　还会有

星星　也告诉爸爸妈妈　在每一个

没有你的夜晚　让我守护他们破碎的

心灵　我答应你我要学会成长　像你

期望的那样　可是　在这一刻　哥哥

你使我忽然沉默

 牵手阅读

　　哥哥的去世对于尚在青春期的作者来说是一场噩梦，这些噩梦如同乌云一样笼罩在作者心头。作者安慰哥哥道，会好好照顾父母，会走出阴霾面对生活，却依然陷入沉默。作者运用细腻的笔触去勾勒细节，体现出自己对哥哥深厚的感情和深切的怀念。这样感人肺腑的亲情使读者为之动容。你是否有兄弟姐妹呢？你与他们之间有怎样的故事呢？

西顿是"世界动物小说之父",他--生热爱大自然,热爱野生动物,他笔下的动物充满生命的尊严。一起来看看他笔下狐狸的故事吧。

春田狐

[加] 西 顿

一

母鸡神不知鬼不觉失踪的事,已经接连发生一个多月了。我回到春田家里度暑假的时候,觉得有责任把出事原因调查清楚。这一点我不久就做到了。这些母鸡是一只只地被弄走的,时间不是在进窝之后,就是在出窝以前,因此偷鸡贼不可能是那些过路人和邻居。它们也不是在高高的树枝上给逮去的,所以跟树狸和猫头鹰也扯不上关系。而且,打出事以后就没发现过什么吃剩的死鸡残骸,看来凶手也不是鼬鼠和貂鼠。算来算去,那责任就非落到狐狸头上不可了。

艾伦达尔大松林坐落在河流的另一岸。我在下游的浅滩上仔细侦察的时候，发现了一些狐狸脚印和我家的普列茅斯克罗种鸡的一根带条纹的鸡毛。等我爬上前面的堤岸，想多找些线索的时候，听见背后有一群乌鸦在大声地呱呱直叫。我一转身，就看见这些黑鸟儿正朝浅滩上的一样什么东西俯冲下去。我仔细一瞧，知道又是那套"强盗碰上贼"的老把戏。原来浅滩中有一只狐狸，爪子里抓着什么东西——它又在我家谷场上偷了一只鸡，正往回跑哩。那些乌鸦也是些死不要脸的臭贼，可它们总是头一个大喊"捉贼"，而且早就做好了坐地分赃的准备。

这会儿它们搞的正是这种鬼把戏。那只狐狸想回家就非穿过这条河不可，可是在过河的地方，就不得不遭受鸦群猛烈的攻击。现在它正想猛地一下冲过河去。要不是我也参加了对它的攻击，它一准可以带着战利品渡过河去的。可是现在，它把那只半死不活的鸡一扔，就溜进松林不见了。

这只狐狸经常这样整批整批地搜刮吃食，这只能说明一个问题，那就是它家里还养有一窝小狐狸。于是我下定决心，一定要找到它们。

当天晚上，我带着自己的猎狗兰格，穿过河去，走进了艾伦达尔大松林。兰格刚开始巡回搜索的时候，我就听见附近林木茂密的峡谷里传来了一阵又短又尖的狐叫声。兰格闻到一股浓烈的臭味，马上一纵身蹿了出去，浑身是劲儿地往前直奔。不一会儿，它的声音就在高地那边消失了。

将近一个钟头以后，兰格回来了。因为正是八月的大热天，所以它跑得又热又喘，在我的脚边躺了下来。

可是，就在这一转眼的工夫，附近又传来了那"呀呀呀"的狐叫声，于是兰格又冲出去了。

它粗犷地吠叫着，冲进了漆黑的夜色里，径直朝北方跑去。不一会儿，响亮的"汪汪"声，变成了低沉的"喔喔"声，接着又越发轻了些，最后终于听不见了。这时候狐狸和狗一定跑到了几千米以外的地方，我就是把耳朵贴在地面上，也听不到它们的声音。而如果只有不足一千米路，兰格的金嗓子是不难听见的。

我在黑洞洞的松林里等着的时候，听见一阵悦耳的滴水声："叮咚叮咚，嗒咚嗒咚。"我根本不知道，在这么近的地方还有泉水，而在这样闷热的夜晚，这也是一个令人高兴的发现。可是我循着声音走去，却来到一棵橡树跟前，并在这里找到了声音的来源。这是一首多么柔和、多么悦耳的歌呀，在这样的夜晚听起来，叫人心里充满了愉快的感觉：

叮咚咚叮

嗒叮啊嗒咚啊咚咚叮叮

嗒叮咚嗒咚叮嗒叮咚

原来这是加拿大枭唱的《滴水歌》。

可是突然间，一阵低沉的喘气声和树叶的"沙沙"声告诉我，兰格回来了。这一回它筋疲力尽，舌头耷拉着，几乎碰到了地面，还一个劲儿地淌着唾沫；它的侧腹在不停地鼓胀收缩，流在胸脯和两胁上的唾沫在一颗颗地往下滴。有一会儿，为了表示忠诚，它屏住喘息，舔了舔我的手，接着就"噗"的一声歪倒在树叶堆上，大声地喘起气来，把其他声音都掩盖了。

可是就在这时候，离我们只有几米远的地方，又传来了一阵令人着急的"呀呀"声。这一下，我把一切都弄明白了。

原来那个住着小狐狸的地洞就在我们旁边，老狐狸正在想办法引诱我们离开这儿哩！

　　已经是深夜了，我们动身往回走去，我满怀信心地觉得，问题快要解决了。

二

　　很多人都知道，有只老狐狸带着它的一家子住在附近一带，可是谁也没有想到，它们竟住得这么近。

　　大家都管这只老狐狸叫"刀疤脸"，因为它脸上有一道从眼角直通到耳根的疤痕，这大概是它追捕兔子的时候，在铁丝网上撞伤的。伤口好了以后，生出一绺白毛，变成了一道一辈子也改变不了的明显标记。

　　去年冬天，我见过它一次，对它的狡猾诡诈已经领教过了。那时候刚下过一场雪，我出去打猎，穿过空旷的原野，来到老磨坊背后的灌木丛生的洼地边缘。当我抬起头来，想欣赏欣赏洼地的景色的时候，发现对面的长堤上有只狐狸在小步奔跑。它所走的路线跟我所走的，正好形成了一个交叉。我马上停了下来。为了不让它看出任何动静，我既不低下头来，也不扭过头去，一直等到它消失在洼地最低处的茂密的乱丛棵子里。当它走到看不见了之后，我马上哈着腰抄到它前头，在乱丛棵子另一边的出口处等它出来。可是等了半天，也没见着一只狐狸影儿。我仔细一瞧，看见一些跳过乱丛棵子的新的狐狸脚印。我顺着脚印望去，只见老刀疤脸坐在我背后老远的高地那边，正在怡然自得地笑着哩。

研究一下它的脚印，问题就清楚了。原来我最初看到它的时候，它已经发现了我。可它也像一个地道的老猎手一样，不动声色，装出一副若无其事的样子，直到走出我的视线以后，才拼命绕到我的背后，在那儿等着瞧我的窘相。

尽管有了这样的经验，可是到入春以后，刀疤脸的狡猾诡诈又使我上了一次大当。那时我跟一个朋友在山地牧场那边的路上散步。我们经过一个离我们不到十米远的山脊，上面有许多灰色和褐色的圆石头。在走近山脊的时候，我的朋友说："那边第三块石头，看上去挺像一只蜷缩着的狐狸。"

可是我看不清楚，于是我们便走了过去。但没有走上几步，突然起了一阵风，风刮在那块石头上，好像刮在野兽的毛皮上一样。

我的朋友说："我看准了那是只狐狸，躺在那儿睡着了。""我们马上就会弄明白的。"我回答着，可是刚跨出一步路，就有只狐狸猛地一跳，一溜烟儿地跑掉了。我一看正是那只刀疤脸！它蹲在那儿像块圆石头，更像堆干草，这倒没什么奇怪的，可是它居然知道自己跟这些东西非常相像，而且随时在利用这一点来保护自己，这就使人惊奇了。

不久我们就发现，正是刀疤脸和它的妻子维克森，把我们的松林当成了它们的家，把我们的谷场当成了它们的粮食供应基地。

一天早晨，我们在松林里搜索了一次，发现了一堆就在最近几个月里堆起来的泥土。这一定是狐狸掘洞的结果，可我们却一个洞也没有找到。人们都说，真正聪明的狐狸在挖掘新洞的时候，总是先掘好一个洞，把里面的泥土统统扒出来，再挖一条通向远处灌木丛的坑道，然后再把头一个掘好的、过于显眼的洞口完全封闭起来，只使用掩藏在灌木丛里的另一个洞口。

于是，我又在一座小土墩的另一边继续找了一阵子，终于找到了真正的洞口。有充分的证据证明，洞里一定有一窝小狐狸。

在土墩旁边的灌木丛里，耸立着一棵大的空心的极木树。树干歪得非常厉害，底下有个大洞，顶上有个小洞。

过去，我们这些男孩子常常用这棵树来玩各种游戏。我们在松朽的树洞内壁上，刻出一格格的阶梯，有了它们，在空树心里爬上爬下就方便多了。现在这正好合我的用。第二天，在暖和阳光的照耀下，我就跑到那儿去守望了。我在树顶的枝条间躲了没多大工夫，就看到了住在旁边地洞里的有趣的家庭。小狐狸一共有四只，长得都挺出奇，活像一只只小羊，浑身毛茸茸的，四条小腿儿又长又壮实，满脸都是天真的样子。可是只要对它们长着尖鼻细眼的宽脸儿再看上一眼的话，你就会发现，所有这些天真的小家伙，全是那只满脑子鬼聪明的老狐狸所制造的产品。

它们在那儿嬉戏，晒着太阳，有时还相互扭来扭去地打着玩儿。后来它们听见一阵轻微的声音，就急忙钻进洞里去了。可是这样的惊慌是不必要的，因为这是它们的妈妈发出的声音。维克森穿过灌木丛，又带来了一只鸡——我记得，这已经是我们家失踪的第十七只鸡了。它轻轻地叫了一声，小家伙们就翻翻滚滚地从洞里奔了出来。接着，一幕在我看来非常精彩、可我叔叔却绝对不会喜爱的场面展开了。

它们一下子冲到那只母鸡身上，撕扭争打，你抢我夺。它们的母亲，一面警惕地防备着敌人，一面满心欢喜地瞅着自己的这些小宝宝。它面部的表情是很奇特的：首先是一种高兴的嬉笑，可是凶猛和狡猾仍然流露着。原来的那股子残暴和勇敢也并不减色。不过最为突出的，还是那种显而易见的母爱和骄傲。

这棵极木树的根部隐藏在灌木丛里，比狐狸洞所在的土墩子要低得多。因此我可以随意地来来去去，也不会吓着狐狸。

我这样观察了许多天，看到了很多小狐狸受训的情形。它们从小就学会一听见什么不对头的声音，就马上停止一切动作，像泥塑木雕似的，一动也不动；等到接下来又有什么声响，或是其他什么可怕的事时，才跑去躲起来。

有些动物的母爱特别强烈，它们甚至会用这种丰裕的感情慈爱地对待跟它们毫无关系的小动物。但是，老维克森看来却不是这样。对小狐狸的喜爱，使它变得越发残酷了。它常常把活生生的老鼠和小鸟逮回家来，不让它们受到过重的伤害，为的是让小狐狸更长久地糟蹋和玩弄它们。

在山上的果园里，住着一只山鼠。它长得既不漂亮，也不风趣，可它却懂得怎样好好地照顾自己。它在一个老松树桩子的树根当中掘了个洞，这么一来，那些狐狸就没法挖洞到地底下来逮它了。不过，山鼠有自己的生活方式，它们是不大劳动的；它们认为，智慧比辛勤的劳动更有用。每天早晨，这只山鼠都要躺在松树桩子上晒太阳。如果看见狐狸来了，它就跳下树桩往洞里一躲。要是敌人跑得挺近，它就再朝里面一蹿，一直待到危险过了再出来。

　　一天早晨，维克森和刀疤脸觉得小家伙们已经到了应该开开眼界、看看山鼠的时候了。果园里的那只山鼠，正好是它们实地上课的好题材。于是它们一块儿来到果园的围篱旁边，没让那只躺在树桩上的山鼠看见。接着，刀疤脸明目张胆地走进果园，又顺着一条跟松树桩隔有相当距离的路线，从容地走了过去。在这段时间里，它一次也没有回头望过，装得叫那只一直盯着它瞧的山鼠误以为自己并没有被发现。刀疤脸走进园子的时候，那只山鼠便悄悄地从树桩上跳下来，待在洞口等狐狸过去。可是它心里盘算着，觉得还是放聪明些的好，于是又蹿进地洞里去了。刀疤脸它们就是要让它这么做。躲在果园外边的维克森这时便飞快地跑了进来，往树桩背后一闪。刀疤脸还是慢吞吞地往前走。狐狸越往前走，山鼠的胆子就越大，就越往外面跑。等到狐狸走得看不见了，它又爬上了树桩子。可是，说时迟那时快，维克森猛一纵身抓住了它，并且狠命地把它摇来摇去，一直把它弄到失去知觉才罢休。刀疤脸一直借着眼角注意着背后的动静，这时候也奔了回来。维克森用爪子把山鼠一抓，转身就往家里跑去。刀疤脸知道，它不用再费什么劲儿啦。

维克森一面往回跑，一面非常小心地照顾着那只山鼠，所以等它到家的时候，山鼠已经能够稍微挣扎挣扎了。维克森朝洞口低低地"喔"了一声，小家伙们就像小学生做游戏似的拥了出来。维克森把受伤的山鼠朝它们一扔，它们像四个小疯子似的扑了上去，喉咙里细声细气地叫唤着，小嘴狠命地撕咬着。可是那只山鼠拼命地抵抗起来，并且打退了它们，拐着腿慢慢地向一簇乱丛棵子逃去。小家伙们像一群猎狗一样追了上去，拖尾巴的拖尾巴，抱肚皮的抱肚皮，可还是没法把它弄回去。于是，维克森"叭叭"两跳，又把它抓住拖到了空地上，让孩子们玩弄。这种野蛮的把戏一直玩了很久，直到有个小家伙被山鼠狠狠地咬了一口，痛得哇哇直叫的时候，维克森才跳起来一下子弄死了山鼠，结束了它的痛苦。

离狐狸洞不远的地方，有一块长满粗壮野草的洼地，这儿是田鼠的游戏场所。小狐狸们在洞外的第一堂森林课就是在这儿上的。它们在这里第一次学到了捉老鼠的知识——在所有的捕猎食物的方式中，这是最容易学会的一种。上课的时候，主要是看老狐狸的示范，可是小狐狸强烈的本能也很关键。老狐狸常常用一两种信号来表示"趴着别动，看好""来，照我的样儿做"等意思。

在一个无风的夜晚，这群快活的小家伙来到洼地上，狐狸妈妈叫它们静静地趴在草地里。突然间，远处传来了轻微的尖叫声，这表示游戏已经开始了。维克森站起身来，蹑着脚走进草地——它没有俯着身子，而是尽量踮得高高的，有时候还用后腿站起来，以便看得更清楚些。田鼠的跑动是在乱草底下进行的，要知道哪儿有田鼠，唯一的方法就是观察野草的微微的摆动。所以，只有在无风的日子里，才能逮到它们。

捉田鼠的技巧，关键在于摸清它所在的位置，在看清它之前就逮住它。不一会儿，维克森纵身一跳，在一簇乱草中央抓住了一只田鼠。那只田鼠只叫唤了一下，就不再吱声了。

维克森很快就狼吞虎咽地把它吃光了。那四只笨手笨脚的小家伙也学着妈妈的样儿干了起来。后来，顶大的那只小狐狸，也终于破天荒地逮住了一只田鼠。它高兴得直打哆嗦，并且出于一种天生的冲动，把珍珠似的小白牙啃进了田鼠的肉里。它的这种行为，一定把自己都吓住了。

下一节课是捕红松鼠。巧得很，红松鼠这种又吵闹又粗俗的家伙，在这附近就住着一只。它每天都要花一部分时间待在安安稳稳的树枝上，朝狐狸们骂个不休。有好多次，那些小狐狸想逮住它，可总是扑个空。因为它穿过林子里的空地的时候，总是从这棵树跳到那棵树，在树枝间跑来跑去，要不就在离小狐狸它们半米来远的地方朝它们吐唾沫，骂它们。可是，老维克森却是个动物界的老内行——它了解红松鼠的特点，等到适当的时候，就自己动手干。它把孩子们全藏了起来，自己在空地中央平平地一躺。那只既冒失又无理的红松鼠跑来，照例大叫大骂。可是老维克森却动也不动。后来它又跑近了些，还一直跑到老维克森头顶上面的树枝上，叽叽咕咕地骂它："你这个畜生，你这个畜生。"

可是，维克森像断了气似的躺在那儿，还是一动也不动。红松鼠这下可糊涂了。它爬下树干，朝四周张望了一阵，一个冲锋穿过草地，爬到另一棵树上，坐在一根高枝上又骂起来："你这个畜生！你这个窝囊废，难看鬼，丑八怪！"

可是维克森仍旧平躺在那儿，连气儿都不喘一下。这可急坏了红松鼠。它天生就好奇，又喜欢冒险，于是它再一次爬下来，从空地上蹿了过去，跟狐狸的距离比上次更近了。

维克森还是像断了气似的没有动弹。"它一定死了吧？"连那些小狐狸也在怀疑，它们的妈妈是不是睡着了。

现在红松鼠已经好奇得有些发狂了。它朝维克森头上扔了一块树皮，又把所有的坏字眼全搬出来骂了一通。但是，尽管它三番五次地这么做，维克森还是死不动弹。于是，它又在空地上来回蹿了两次以后，就冒着危险跑到了离狐狸不过几米远的地方。这时候，表面装死其实一直都在注意着红松鼠动向的维克森，猛地一下跳了起来，刹那间就抓住了它。

"嘿，小家伙们，该啃骨头啦。"

它们的学习就这样打下了基础。后来等它们长大了些，就被带到更远的地方，去学习辨别脚印和气味的高级课程。

老狐狸教给它们捕捉各种动物的办法，因为每一种动物都具有一定的长处，如果不这样的话，它们就没法生存。同时，它们也都具有一定的弱点，否则，别的动物就活不下去了。红松鼠的弱点，就在于它那股好奇的傻劲儿，狐狸的弱点则是不会爬树。小狐狸受训的目的，就是要学会利用别人的短处，发挥自己诡计多端的长处，来弥补自己的弱点。

小狐狸们从父母那儿学到了狐狸世界的一些主要原则。它们是怎么学的，这很难告诉大家。不过有一点很清楚，就是所有的这些原则，都是它们跟父母在一块儿的时候学会的。我虽然没有跟狐狸谈过一句话，可我还是向它们学会了以下几项原则：

决不在自己走过的路上睡觉；

鼻子就在自己眼前，所以首先应该相信它；

只有傻子才逆着风跑；

决不追赶自己嗅不到气味的东西；

尽量隐蔽，除非迫不得已，决不暴露自己；

能走弯路就走弯路，决不留下直线的行踪；

奇怪的东西一定有危险；

尘土和水可以消除气味；

不在有兔子的树林里逮老鼠，不在养鸡场上逮兔子。

小家伙们的脑子里，对这些原则的意义，已经稍微有些理解了。它们懂得，"决不追赶自己嗅不到气味的东西"这种做法是很聪明的。因为，既然自己闻不到对方的气味，那么，这时候的风向，一定能叫对方嗅到自己。

它们一个接着一个地熟悉了家乡树林里的各种鸟儿和野兽。等到能够跟着父母往外跑的时候，它们又认识了一些新的动物。于是，它们就自以为对所有会跑的东西的气味都很熟悉了。可是，有一天晚上，狐狸妈妈把它们带到一块野地上。那儿平摊着一堆奇形怪状的黑乎乎的东西，狐狸妈妈故意带它们来闻闻这玩意儿的气味。可是，它们只那么轻轻一嗅，就吓得直打哆嗦，浑身的汗毛都竖了起来。它们自己也不明白——这股气味好似一直穿透了它们的血液，叫它们充满了一种天生的厌恶和恐惧。狐狸妈妈一看，上这儿来的目的已经完全达到了，于是就告诉它们——

"这是人的气味！"

三

这时候，母鸡失踪的事情还在继续发生。可我并没有把发现小狐狸洞的事讲出来。说实在的，我在这些小流氓身上所费的脑筋，可要比在那些鸡身上所费的多得多。但是我的叔叔非常气愤，他为这件事，对我的森林知识说了不少极其难听的话。有一天，为了叫他高兴，我把猎狗带进森林，自己在山脚的空地上找了一个树桩子坐下，命令猎狗继续前进。不到三分钟，它就用一种所有猎人都熟悉的声调，高兴地叫了起来："狐狸！狐狸！狐狸！那边山谷里有狐狸！"

过了一会儿，我听见它们回来了。接着，我看见了刀疤脸，它正轻巧地跑过河滩，朝河水里跑去。它走到河里，在靠近河边的浅滩上飞快地奔了二百多米路，然后爬上河岸，笔直地朝我在的方向跑来。我坐的地方虽然很空旷，可它并没有看见我，只管一个劲儿地往小山上爬，一面爬一面回过头去观察猎狗的行动。在离我不到三米远的地方，它转过身子，背朝我坐下来，脖子伸得长长的，对猎狗的行动表现出莫大的兴趣。兰格一边叫，一边跟着狐狸的脚印来到河边。可是河水把狐狸的气味冲掉了，使它迷失了路线。事到如今，只有一个办法了，那就是在河两岸上下反复侦察，把狐狸上岸的地方找出来。

为了看得更清楚些，坐在我面前的刀疤脸稍稍挪动了一下位置，像个人似的，兴致勃勃地注视着那只东兜西转的猎狗。刀疤脸离我这么近，当兰格在我们的视线里出现的时候，我看见它的肩毛微微地竖了起来。我甚至还可以看见它肋骨内的心脏在突突直跳，它的黄眼睛在闪闪发光。这时候，兰格被河水弄得完全迷惑了，那副样子看上去的确好笑。刀疤脸也没法安安稳稳地坐着了，它乐得东摇西晃，有时候还踮起后脚，想更清楚地看看这只步履艰难的猎狗。刀疤脸的嘴巴张得老大，几乎扯到了耳朵边，虽然根本不是在喘气，却"呼啦呼啦"地抽吐了一阵子，看来它正乐得很哩，跟一只狗似的，龇着牙咻咻直笑。

兰格花了老半天的时间才找到狐狸的脚印，可是这时候脚印已经走了味。它简直嗅不出狐狸到底是往哪儿跑的，同时也觉得根本用不着用鼻头去试它了。刀疤脸看到这种情景，乐得浑身直扭。

老狐狸一等猎狗摸上小山，就悄悄地溜进了树林。我一直坐在空旷的地方，离刀疤脸不过三米远，可是因为我没有动弹，而风向又是朝着我的，所以它根本没有发觉，在这二十分钟里，它的生命一直掌握在一个最可怕的敌人手里。兰格呢，跟刀疤脸一样，也毫无发现，从离我三米远的地方走了过去。可是我叫住了它。它微微地惊动了一下，就放弃了追逐，带着一副难为情的样子，在我的脚边躺了下来。

这种小小的喜剧场面，后来又大同小异地重演了几次。从河对面的屋子望过来，可以把这一切都看得清清楚楚。天天丢鸡的事情，使我叔叔非常焦急，于是他就亲自出马，坐在空旷的小山上。当刀疤脸又一次跑到它的瞭望台上，观察下面河滩上的那只傻头傻脑的猎狗的时候，我叔叔就趁它正在为新的胜利得意忘形的时机，从背后狠狠地给了它一枪。

四

刀疤脸是解决了，可是母鸡还在不断地失踪。我的叔叔恼火透了，决定亲自去跟偷鸡贼决一死战。他在树林里到处放上毒饵，相信老天爷会保佑我们自己的狗不中毒。他成天轻蔑地对我的森林知识大发牢骚，每到傍晚就带上一支枪和两条狗，出去寻找敌人。

维克森很熟悉毒饵是副什么样儿，它不是熟视无睹地走了过去，就是极其轻蔑地想个法儿把它们处理掉。它把其中的一块扔在它的老对头——一只臭鼬鼠的洞里，结果这只臭鼬鼠就再也没有露面。过去，刀疤脸总是时时刻刻地监视着那些猎狗，不让它们带来什么祸害。但是现在，保护小狐狸的担子全落在维克森身上了。它再也腾不出那么多时间，来阻断每一条通往狐狸洞的道路，也没法老是待在近边，死等着那些上门的敌人，把它们引了开去。

事情既然这样，那结果是不难预料的。叔叔终于跟着新鲜的足迹，来到了狐狸洞口。

现在秘密已经全部被揭穿，这一窝狐狸该要完蛋了。叔叔雇来的那个小伙子柏迪，带着十字镐和铲子来挖洞，我们和那两只狗站在旁边望着。不一会儿，维克森在附近的林子里出现了，把那两只狗引到远处的河边上，一到适当的时候，就使个简便的法儿，跳到一只羊背上，摆脱了它们。等那只吓坏了的羊跑了几百米以后，维克森才跳下来，再跑回狐狸洞。因为它知道，它的足迹已经被拖了一大截，猎狗没法再嗅出来了。那两只狗发觉足迹已经中断，不能继续追寻下去，便马上跑了回来。但是维克森已经先到一步，这会儿正在绝望地徘徊着，白费气力地想把我们从它的小宝宝那儿引开去。

这时候，柏迪正在使劲地挥舞着十字镐和铲子，成绩已经相当不错了。夹杂着沙砾的黄土在两边越堆越高，柏迪结实的肩膀已经被地面遮没了。掘了一个钟头以后，那只老狐狸还在附近的林子里转来转去，两只猎狗像发疯似的朝它猛冲过去。就在这时候，柏迪兴奋地叫了起来："先生，它们在这儿啦！"

那四只毛茸茸的小狐狸，正在狐狸洞尽头的角落里，拼命地往后退缩着。

我还没未得及阻止，柏迪就狠狠地一铲子打下去，再加上猎狗突然死劲地往前一扑，小狐狸一下子就死了三只。第四只，也是那只最小的，被我兜住尾巴高高地拎了起来，才没叫横冲直撞的猎狗弄死。

小家伙短促地叫了一声，它那可怜的妈妈被它的叫声引了过来。它左右徘徊，离我们这么近，要不是有两只狗挡在中间——它们好像总是挡在中间——凑巧给它打了掩护，它早就挨上枪子儿了。可是现在，它又把两只狗逗引过去，做了一次毫无结果的追逐。

活着的那只小狐狸，被扔进一只口袋里，安稳地躺在里头。它不幸的哥哥们则被扔回它们的育儿室里，被柏迪用几铲黄土埋了起来。

我们回到家里不久，就用链条把小狐狸拴在谷场上。谁也说不出，为什么单叫它活着，可是我们却彼此会意地这么做了——无论谁都没有弄死它的念头。

它是个漂亮的小家伙，样子有些像狐狸和羊的混血儿。它那种毛茸茸的外貌和体形，跟小羊出奇地相似，也是一副天真无邪的嘴脸。可是只要瞧瞧它的黄眼睛，就可以看到一股狡黠而凶蛮的光芒，跟小羊的神情又是那么不一样。我们管它叫梯普。

只要有人待在附近，梯普总是愁眉苦脸，战战兢兢地蜷缩在它的箱子里。要是让它独自待在那里，也得足足一个钟头以后，它才敢向外张望。

现在我观察狐狸，用不着再钻到空心的极木树那里，只要打窗户里望望就成了。谷场上的一些母鸡在小狐狸身边荡来荡去，它对这种鸡早就相当熟悉了。将近傍晚的时候，它们都在小狐狸附近，晕头转向地游荡着。那根拴狐狸的链条突然"唰啦"一响，小狐狸一下子朝它最近的鸡猛扑过去，要不是链条猛地一下勒住了它，那只鸡早就被它逮住了。它爬了起来，悄悄地跑回箱子里。后来，它又做了几次逮鸡的尝试。只是它每次总是算好活动的距离，只在链条的长度以内向鸡进攻，再也不让那根链条紧紧地勒痛它了。

到了夜晚，小家伙变得非常不安，它悄悄地从箱子里爬出来。可是只要有一点儿风吹草动，它就又马上溜回去。

它使劲地拉扯着铁链条，不时用前爪揿住它，愤愤地啃咬。但是有一次，它突然停了下来，好像在倾听什么，接着又抬起它那黑黑的小鼻子，用颤抖的声音急促地叫了一声。

这种情形重复了一两次。每次叫过以后，它不是啃咬链条，就是焦急地跑来跑去。后来，回答的声音传来了，老狐狸在远处"呀呀"地叫了一声。几分钟后，木头堆上出现了一个黑影儿。小家伙偷偷地溜进箱子，可是马上又回过头来，带着一种狐狸所能表露的最高兴的样子，跑去迎接它的妈妈。老狐狸飞快地咬住了小家伙，掉头就往它的来路上拖。但是，拖到链条拉得笔直的时候，小家伙被妈妈的嘴巴狠狠地扯了一下。这时候，有一扇窗户打开了，维克森吓得又逃到木头堆那边去了。

一个钟头以后，小狐狸停止了跑动和叫唤。我借着月光，偷偷往外一瞧，看见狐狸妈妈伸直着身子躺在小家伙旁边，嘴里在啃什么东西——我听到一种铁器的咔嚓声，才明白原来它在啃那条无情的链条。而小家伙梯普呢，这时正忙着大吃大喝哩。

看见我出来，老狐狸就逃进黑洞洞的林子里去了。在那只箱子旁边，放着两只小老鼠，血淋淋的，还有点儿热气，这是慈爱的狐狸妈妈给小家伙带来的晚餐。到第二天早晨，我发现链条上离小家伙脖子十厘米左右的地方，已经磨得雪亮了。

后来我走进树林，跑到被破坏的狐狸洞那儿的时候，又发现了维克森的痕迹。这只可怜的伤心欲绝的狐狸妈妈上这儿来过，并且把孩子们浑身污泥的尸体全掘了出来。

地上横躺着三只小狐狸的尸体，身上都被舔得光溜溜的。在它们旁边，还放着两只刚被弄死的我们家的母鸡。在新堆好的泥土上，到处都印下了可以说明问题的痕迹——这些痕迹告诉我，维克森曾经在这些尸体旁边，悲痛地守了很久很久。它像往常一样，把夜间猎捕得来的东西，带到这儿来给孩子们吃；它曾经平躺在它们身旁，徒劳无益地把天然的饮料给它们喝。它渴望能像过去那样，喂它们吃，用身子暖和它们。但是它所看到的，只是几具盖着软绒毛的僵硬了的尸体，它们冰凉的鼻子死板板的，一点儿反应也没有。

地上深深地印着维克森的肘部、胸膛和脚踝的痕迹。它曾经在这儿默默地躺着，悲哀地长久地望着它们，怀着最强烈的母爱为孩子们哀泣。可是从这一天起，它就不再上旧时的狐狸洞前来了。现在它一定已经知道——它的这些小宝宝已经死了。

五

　　我们的俘虏梯普——小狐狸当中最年幼的一个，现在成了维克森唯一的亲人。为了保护鸡，我们把狗全放了出来。叔叔吩咐过那些男雇工，一看见老狐狸马上就用枪打。他也这样叮嘱过我，可是我决定不去找它。叔叔把狐狸最喜爱而狗却碰也不要碰的鸡头上涂了毒药，散放在树林里。维克森只有在克服了种种危险，爬过木头堆后，才能到拴梯普的谷场上来。但是它照样夜夜都来照料它的孩子，把新弄死的母鸡和别的动物带给梯普吃。虽然它现在不等小狐狸发出抱怨的叫声就跑来了，但我还是一次又一次地看到了它。

　　逮住小狐狸的第三天晚上，我听见链条在嚓嚓作响。接着我就发现，老狐狸正在小家伙的窝边使劲地掘洞哩。等掘到有它身体一半深的时候，它把铁链条松着的那部分收起来，统统放进洞里埋藏着，再用土把洞填起来。这时候，它以为自己已经成功地解除了链条的束缚，于是就咬住梯普的脖子，扭头朝木头堆那边冲去。可是，天哪！它这么冲呀，结果只是叫小家伙又狠狠地被链条猛勒了一下。

可怜的小梯普，当它爬回箱子里去的时候，竟伤心地哭了起来。半个钟头以后，从那些猎狗那儿传来一阵狂吠声。接着，这种叫声径直朝远处的树林里移去，我一听就知道它们又在追逐维克森了。它们一直往北，朝铁路的方向奔去，后来就渐渐听不到它们的动静了。第二天早晨，那些狗还没有回来，我们不久就查明了原因。原来狐狸对铁路的情况早就心里有数了，并且很快就想出了几种利用它的方法。一种方法是被敌人追赶的时候，趁火车就要开过之前，沿着铁轨跑上一大段路。因为在铁器上留下的气味总是非常轻淡的，再加上火车轰隆隆地在上面开过，气味就完全消除了，而且猎狗也常有被火车碾死的可能。另一种方法更有把握，不过做起来也更困难，那就是在跑得飞快的火车前面，把猎狗一直带上一座高高的架桥，这样，它们就一定会被追上它们的火车碾得稀烂。

昨儿晚上，维克森就是巧妙地施展了这种鬼手段。我们在铁路上发现了猎狗血肉模糊的尸体，知道维克森已经报仇雪恨了。

当天夜里，维克森又来到谷场上，弄死了一只鸡带给梯普，并且喘着粗气，伸直了身子躺在它旁边，看着它吃。看来它以为，除了它带来的东西，梯普就没什么可吃的了。

通过这天晚上被弄死的那只母鸡，维克森夜里上我们这儿来的事情，又被我叔叔发觉了。

我的同情心是完全在维克森这一边的，我不愿意再参与什么杀戮的计划了。第二天晚上，我叔叔拿着枪，亲自看守了一个钟头。后来天气冷起来了，月亮也钻到乌云里去了，他又想起别处还有要紧的事情要办，就让柏迪代替了他。

但是，这种寂静无声、令人焦虑的看守工作，使柏迪变得不安起来。一个钟头以后，"砰、砰"两声凌乱的枪响告诉我，那两颗子弹一定是白费了。

早晨我们又发现，维克森还是上小家伙这儿来过了。这天晚上，我发现叔叔又在亲自站岗，因为另一只鸡又被偷走了。天黑不久，我们听见了一声枪响，维克森把带着的东西往地上一扔，撒腿就溜掉了。当天晚上它又试着来了一次，又引起了另一声枪响。可是到第二天，亮堂堂的铁链告诉我们，昨晚它还是来过这儿，并且花了几个钟头的时间，徒劳无益地想啃断那条可恨的镣铐。

这种勇敢的精神和坚定不移的信心，如果没有引起人们的宽恕，也一定赢得了人们的尊敬。无论如何，那天晚上夜深人静的时候，这儿已经没有人看守了。看守又有什么用呢？它已经被人用枪赶走了三次，难道还会跑来喂它的孩子，救它的孩子吗？

它会来吗？它怀的是一颗母亲的慈爱的心啊。月亮又升了起来，小家伙颤声哀叫了一声之后，木头堆上就出现了一个黑影儿，这回在旁边观察它们的只有我一个人。

现在，维克森像个幽灵似的跑来，待了一会儿，又无声无息地走掉了。梯普呢，一口咬住了它扔下来的一样东西，津津有味地大吃大嚼起来。可是，就在它吞咽的时候，一股刀扎似的剧痛刺透了它的全身，疼得它禁不住失声大叫起来。接着，小家伙挣扎了一阵子，就躺在地上永远不动了。维克森的母爱是强烈的。它非常清楚毒药的功力，也懂得毒饵的性能。可是这次它扔给小家伙吃的就是这种毒饵。结果小家伙死了。这究竟是怎么一回事，那就很难解释了。

当大地重新铺上皑皑白雪的时候，我们又在林子里做了一次搜查。雪地告诉我，维克森已经不再在艾伦达尔大松林里游荡了。我们只晓得它离开了此地，到底上哪儿去了，谁也没有发现过。

（黎金、林希 译）

这无疑是一个悲伤的故事，母狐狸机灵聪明，却眼看着三个孩子惨死在自己眼前，剩下的一只小狐狸也被人类抓起来圈养着，丝毫没有动物的尊严。母狐狸在这样绝望的时候，只好给自己最后的亲人喂下了毒药。维克森给小狐狸喂下毒药是因为不爱它吗？不，正是因为爱，才会忍痛做出这样的决定。作为人类，我们也要反思，我们这样对待生命，真的合适吗？

诗意的故乡

表 弟

毛 尖

我十五岁，表弟十四岁，一人抱两本新买的《笑傲江湖》，天兵天将似的，飞驰回家。在弄堂口，表弟大着胆子，向美丽的邻家大姐姐吹声口哨，于是被开心地骂一声小阿飞。

那是我记忆中最快乐的一段时光。我和表弟轮番地跟家里申请巧立名目的各种经费，今天支援西部灾区，明天帮助白血病同学，然后偷偷买来《射雕英雄传》买来《鹿鼎记》，包上封皮，题上《初中语文辅导丛书》。那个年代，父母刚刚被改革开放弄得心神不宁，一直没发现我们的视力已经直线下降，还有我们的成绩。

等到老师终于找上门了，父母才惊觉我们平时记诵的不是《岳阳楼记》，而是《九阴真经》——天之道，损有余而补不足，是故虚胜实，不足胜有余……于是，王熙凤搜大观园似的，"辅导丛书"都被充了公。

不过，事态的发展是那么令人惊喜，父母们很快也堕落为武侠迷，他们更勤奋地来检阅我们的书包，寻找第三第四集辅导材料，有时，为了折磨他们，我们故意把悬念在饭桌上透露出来。这样，大人最终妥协了，他们自暴自弃地向我们低头，要求看第四本《天龙八部》。

同时，表弟日复一日地醉心于武侠，他花了很多力气，得到一件府绸白色灯笼裤，他穿着这条灯笼裤上学、睡觉，起早贪黑地在院子里摆马步、蹬腿，并且跟电视剧里的霍元甲、陈真一样，一边发出嗨哈嗨哈的声音，天天把外婆从睡梦中吓醒。那阵子，在他的班级里，他暗暗地倾心了一个女同学，拐弯抹角地托人送了套《神雕侠侣》给她，只是那个扎着马尾的小姑娘看完书后又请人还给了他，表弟心灰意冷下来，从此更全心全意地投入武术。

他先是想练成一门轻功。缝了两个米袋，成天绑在小腿上，睡觉的时候也不解下来。这样过了一星期，他不无得意地跑来，轻轻一跃，坐在我的窗口，说用不了多久，他就不必从正门出入学校，他就要飞起来了。可如此一个月，他还是飞不过学校围墙。后来，经人介绍，他去拜了一个"武林高手"为师，拿了家里一个月的粮票去孝敬师傅，却沮丧地得知，十四岁，对于练武功，太迟了。

不过表弟没气馁，他开始研究黄药师的桃花岛，研究《易经》和奇门遁甲术，但那显然太难了。第二天，他宣布他开始写长篇小说了，主人公叫缪展鹏，缪是他自己的姓。最讨厌写作文的他居然在两个星期里完成了他的长篇处女作，他用空心字题写了书名，《萧萧白马行》，小说结尾，他的英雄死了，一起死的，还有一个扎马尾的小姑娘。

平时，他喜欢说英雄应该在年轻的时候死去，乔峰那样，"视死如归地勇敢"。而就在那年夏天，他自己也勇敢了一回，不会游泳的他，被人激将着下了江，从此没有回来过。

第二天，水上搜救队才找到他，白色的布覆盖着他，他的脚指头露在外面，显得特别稚嫩，我走过去，跟从前那样，挠了挠他的脚心，这回，他没躲开。我的眼泪决堤而出，弟弟啊，不许走！没有一个大侠是这么年轻就走的！

到现在，漫漫长夜里，我还是经常会去取一本金庸看，都是他从前读过几遍的书，恍惚中，我还是会听见有人敲窗户，"小姐姐，我们比武好不好？"做梦似的，我会自己答应自己的声音："好，我凌波微步。"

"降龙十八掌。"

"独孤九剑……"

多么孤独的夜啊，单纯的八十年代已经走远，心头的江湖亦已凋零，像我表弟那样痴迷的读者渐渐绝迹，少年时代最灿烂的理想熄灭了。金庸老了，我们大了，是分手的时候了。

不过，或许我倒可以庆幸，表弟选择那个明媚的夏日午后离开，心中一定还有大梦想和大爱，因为那时，他身后的世界还烨烨生辉，有青山翠谷，有侠客，有神。

 牵手阅读

飞雪连天射白鹿，笑书神侠倚碧鸳。金庸说，这就是他的青春。但这又何尝不是中国几代人的青春呢？你是如何理解作者所说表弟"心中一定还有大梦想和大爱"呢？

导读

　　生活是什么呢？生活的意义是什么呢？每个人都有自己不同的生活，看看来自阿富汗的诗人乌尔法特是如何描写"生活"的吧。

生　活

[阿富汗] 乌尔法特

　　同是一条溪中的水，可是有的人用金杯盛它，有的人却用泥制的土杯子喝它。那些既无金杯又无土杯的人就只好用手捧水喝了。

　　水，本来是没有任何差别的。差别就在于盛水的器皿。

　　君王与乞丐的差别就在"器皿"上面。

　　只有那些最渴的人才最了解水的甜美。从沙漠中走来疲渴交加的时候，水对他们是最宝贵的东西。

　　当一个牧人从山上下来，口干舌燥的时候，要是能够趴在河边痛饮一顿，那他就是最了解水的甜美的人。

　　可是，另外一个人，尽管一个人，尽管他坐在绿荫下的靠椅上，身边放着漂亮的水壶，拿着精致的茶杯喝几口，也仍然品不出这水的甜美来。

为什么呢？因为他没有旅行者和牧羊人那样的干渴，没有在烈日当头的中午耕过地，所以他不会觉得那样需要水。

无论什么人，只要他没有尝过饥渴是什么味道，他就永远也享受不到饭与水的甜美，不懂得生活到底是什么滋味。

（董振邦 译）

牵手阅读

乌尔法特是阿富汗散文家和诗人，《生活》是一篇蕴含着深刻哲理的散文，作者将"奉献才能享受生活"的人生道理融入文中，娓娓道来，角度新奇，说理透彻，百读不厌，耐人寻味。看完了乌尔法特的文章，在你眼中，生活又是何种滋味呢？

我还只是个孩子

导读

时间飞逝，如白驹过隙，美好纯洁、天真烂漫的童年时光转瞬即逝。读一读，在这首小诗里诗人怀念童年的哪些美好时光呢？

老榆树上的红秋千

徐　鲁

只那么轻轻一荡

那架小小的红秋千

便把我荡过了

童年的门槛

也把好多好多美丽的梦想

一荡荡成了昨天的云烟

也把青梅竹马的伙伴

从故乡荡到了

遥远的天边

岁月的巨手

撕光了老榆树的每一张叶片

四季的风声伴着雁叫

年年荡过空空的小院

可是，我的红秋千哪去了

谁的手

又能够托起我来

轻轻荡我

回到童年……

牵手阅读

　　徐鲁是我国当代著名的儿童文学作家，他的诗歌语言优美，富有魅力。曾经玩耍的小院还在，可是老榆树、红秋千、青梅竹马的伙伴和童年时代的梦想早已改变。那你呢？陪伴你度过童年时光的玩具、伙伴、梦想都还在吗？

这是诗人泰戈尔创作的一首散文诗。全诗生动活泼，通过对孩童的描写，抒发了许多美好的东西。孩童眷恋母亲，母爱温暖孩童，文章中充满了温馨，充满了爱。

孩童之道

［印］泰戈尔

只要孩子愿意，他此刻便可飞上天去。

他之所以不离开我们，并不是没有缘故。

他爱把他的头倚在妈妈的胸间，他即使是一刻不见她，也是不行的。

孩子知道各式各样的聪明话，虽然世间的人很少懂得这些话的意义。

他之所以永不想说，并不是没有缘故。

他所要做的一件事，就是要学习从妈妈的嘴唇里说出来的话。那就是他之所以看来这样天真的缘故。

孩子有成堆的黄金与珠子，但他来到这个世界上，却像一个乞丐。

他之所以假装了来，并不是没有缘故。

这个可爱的小小的裸着身体的乞丐，之所以假装着完全无助的样子，便是想要祈求妈妈的爱的财富。

孩子在纤小的新月的世界里，是一切束缚都没有的。

他之所以放弃了自由，并不是没有缘故。

他知道有无穷的快乐藏在妈妈的心的小小一隅里，被妈妈亲爱的手臂所拥抱，其甜美远胜过自由。

孩子永不知道如何哭泣。他所住的是完全的乐土。

他所以要流泪，并不是没有缘故。

虽然他用了可爱的脸儿上的微笑，引逗得他妈妈的热切的心向着他，然而他的因为细故而发的小小哭声，却编成了怜与爱的双重约束的带子。

（郑振铎 译）

孩童们是稚嫩无知的，孩童们也是机智聪慧的。他们对母爱充满了无限的眷恋。你认为这首诗的主旨是什么呢？

诗意的故乡

导读

我们小的时候总想快快长大，以为长大了就不会再受束缚，能够无忧无虑地做自己想做的事情。可是你知道吗？在艺术大师丰子恺的眼中，孩子的生活才是他无比憧憬和羡慕的，他还非常佩服自己的小女儿。你知道这是为什么吗？

给我的孩子们

丰子恺

我的孩子们！我憧憬于你们的生活，每天不止一次！我想委曲地说出来，使你们自己晓得。可惜到你们懂得我的话的意思的时候，你们将不复是可以使我憧憬的人了。这是何等可悲哀的事啊！

瞻瞻！你尤其可佩服。你是身心全部公开的真人。你什么事体（杭州话）都想拼命地用全副精力去对付。小小的失意，像花生米翻落地了、自己嚼了舌头了、小猫不肯吃糕了，你都要哭得嘴唇翻白，昏去一两分钟。外婆普陀去烧香买回来给你的泥人，你何等鞠躬尽瘁地抱它、喂它；有一天你自己失手把它打破了，你的号哭的悲哀，比大人们的破产、失恋、丧考妣、全军覆没的悲哀都要真切。两把芭蕉扇做的脚踏车，麻雀牌堆成的火车、汽车，你何等认真地看待，挺直了嗓子叫"汪——""咕咕咕……"来代替汽油。宝姊姊讲故事给你听，说到"月亮姊姊挂下一只篮来，宝姊姊坐在篮里吊了上去，瞻瞻在下面看"的时候，你何等激昂地同她争，说"瞻瞻要上去，宝姊姊在下面看！"甚至哭到漫姑面前去求审判。我每次剃了头，你真心地疑我变了和尚，好几时不要我抱。最是今年夏天，你坐在我膝上发现了我腋下的长毛，当作黄鼠狼的时候，你何等伤心，你立刻从我身上爬下去，起初眼睁睁地对我端详，继而大失所望地号哭，看看，哭哭，如同对被判定了死罪的亲友一样。你要我抱你到车站里去，多多益善地要买香蕉，满满地擒了两手回来，回到门口时你已经熟睡在我的肩上，手里的香蕉不知落在哪里去了。这是何等可佩服的真率、自然与热情！大人间的所谓"沉默""含蓄""深刻"的美德，比起你来，全是不自然的、病的、伪的！

你们每天做火车、做汽车、办酒、请菩萨、堆六面画，唱歌，全是自动的、创造创作的生活。大人们的呼号"归自然！""生活的艺术化！""劳动的艺术化！"在你们面前真是出丑得很了！依样画几笔画，写几篇文的人称为艺术家、创作家，对你们更要愧死！

你们的创作力，比大人真是强盛得多哩：瞻瞻！你的身体不及椅子的一半，却常常要搬动它，与它一同翻倒在地上；你又要把一杯茶横转来藏在抽斗里；要皮球停在壁上；要拉住火车的尾巴；要月亮出来；要天停止下雨。在这等小小的事件中，明明表示着你们的弱小的力与智力不足以应付强盛的创作欲、表现欲的驱使，因而遭逢失败。然而你们是不受大自然的支配，不受人类社会的束缚的创造者，所以你的遭逢失败，例如火车尾巴拉不住，月亮呼不出来的时候，你们决不承认是事实的不可能，总以为是爹爹妈妈不肯帮你们办到，同不许你们弄自鸣钟同例，所以愤愤地哭了，你们的世界何等广大！

你们一定想：终天无聊地伏在案上弄笔的爸爸，终天闷闷地坐在窗下弄引线的妈妈，是何等无气性的奇怪的动物！你们所视为奇怪动物的我与你们的母亲，有时确实难为了你们摧残了你们，回想起来，真是不安心得很！

阿宝！有一晚你拿软软的新鞋子，和自己脚上脱下来的鞋子，给凳子的脚穿了，划袜（脱掉鞋只穿袜）立在地上，得意地叫"阿宝两只脚，凳子四只脚"的时候，你母亲喊着"龌龊了袜子！"立刻擒你到藤榻上，动手毁坏你的创作。当你蹲在榻上注视你母亲动手毁坏的时候，你的小心里一定感到"母亲这种人，何等煞风景而野蛮"罢！

瞻瞻！有一天开明书店送了几册新出版的毛边的《音乐入门》来。我用小刀把书页一张一张地裁开来，你侧着头，站在桌边默默地看。后来我从学校回来，你已经在我的书架上拿了一本连史纸印的中国装的《楚辞》，把它裁破了十几页，得意地对我说："爸爸！瞻瞻也会裁了！"瞻瞻！这在你原是何等成功的欢喜，何等得意的作品！却被我一个惊骇的"哼！"字喊得你哭了。那时候你也一定抱怨"爸爸何等不明"罢！软软！你常常要弄我的长锋羊毫，我看见了总是无情地夺脱你。现在你一定轻视我，想道："你终于要我画你的画集的封面！"

最不安心的，是有时我还要拉一个你们所最怕的陆露沙医生来，教他用他的大手来摸你们的肚子，甚至用刀来在你们臂上割几下，还要教妈妈和漫姑擒住了你们的手脚，捏住了你们的鼻子，把很苦的水灌到你们的嘴里去。这在你们一定认为是太无人道的野蛮举动罢！

孩子们！你们果真抱怨我，我倒欢喜；到你们的抱怨变为感激的时候，我的悲哀来了！

我在世间，永没有逢到像你们这样出肺肝相示的人。世间的人群结合，永没有像你们样的彻底地真实而纯洁。最是我到上海去干了无聊的所谓"事"回来，或者去同不相干的人们做了叫作"上课"的一种把戏回来，你们在门口或车站旁等我的时候，我心中何等惭愧又欢喜！惭愧我为什么去做这等无聊的事，欢喜我又得暂时放怀一切地加入你们的真生活的团体。

但是，你们的黄金时代有限，现实终于要暴露的。这是我经验过来的情形，也是大人们谁也经验过的情形。我眼看见儿时的伴侣中的英雄、好汉，一个个退缩、顺从、妥协、屈服起来，到像绵羊的地步。我自己也是如此。"后之视今，亦犹今之视昔"，你们不久也要走这条路呢！

我的孩子们！憧憬于你们的生活的我，痴心要为你们永远挽留这黄金时代在这册子里。

然这真不过像"蜘蛛网落花"，略微保留一点春的痕迹而已。且到你们懂得我这片心情的时候，你们早已不是这样的人，我的画在世间已无可印证了！这是何等可悲哀的事啊！

丰子恺是中国现代画家、散文家，他的文笔一向以平易温情著称，代表作有《缘缘堂随笔》、画集《子恺漫画》等。这封写给孩子的信也是如此，饱含着一位父亲对孩子深沉的爱和对童年纯真的珍爱。作家憧憬着孩提时代的生活，并称之为"黄金时代"，大家想一想这是为什么呢？作者多次运用对比的手法，将孩子的童真自然与大人的"奇怪""无聊"进行对比，有什么深意吗？

导读

> 天空中飞舞的风筝，下面连接着许多充满童真的心灵。作者不禁想起了弟弟被自己扼杀的童年，无限的愧疚早已无处安放……究竟是怎么一回事呢？

风　筝

鲁　迅

北京的冬季，地上还有积雪，灰黑色的秃树枝丫杈于晴朗的天空中，而远处有一二风筝浮动，在我是一种惊异和悲哀。

故乡的风筝时节，是春二月，倘听到沙沙的风轮声，仰头便能看见一个淡墨色的蟹风筝或嫩蓝色的蜈蚣风筝。还有寂寞的瓦片风筝，没有风轮，又放得很低，伶仃地显出憔悴可怜模样。但此时地上的杨柳已经发芽，早的山桃也多吐蕾，和孩子们的天上的点缀照应，打成一片春日的温和。我现在在哪里呢？四面都还是严冬的肃杀，而久经诀别的故乡的久经逝去的春天，却就在这天空中荡漾了。

但我是向来不爱放风筝的，不但不爱，并且嫌恶他，因为我以为这是没出息孩子所做的玩艺。和我相反的是我的小兄弟，他那时大概十岁内外罢，多病，瘦得不堪，然而最喜欢风筝，自己买不起，我又不许放，他只得张着小嘴，呆看着空中出神，有时至于小半日。远处的蟹风筝突然落下来了，他惊呼；两个瓦片风筝的缠绕解开了，他高兴得跳跃。他的这些，在我看来都是笑柄，可鄙的。

有一天，我忽然想起，似乎多久不很看见他了，但记得曾见他在后园拾枯竹。

我恍然大悟似的，便跑向少有人去的一间堆积杂物的小屋去，推开门，果然就在尘封的什物堆中发见了他。他向着大方凳，坐在小凳上；便很惊惶地站了起来，失了色瑟缩着。大方凳旁靠着一个蝴蝶风筝的竹骨，还没有糊上纸，凳上是一对做眼睛用的小风轮，正用红纸条装饰着，将要完工了。我在破获秘密的满足中，又很愤怒他瞒了我的眼睛，这样苦心孤诣地来偷做没出息孩子的玩艺。我即刻伸手折断了蝴蝶的一支翅骨，又将风轮掷在地下，踏扁了。论长幼，论力气，他是都敌不过我的，我当然得到完全的胜利，于是傲然走出，留他绝望地站在小屋里。后来他怎样，我不知道，也没有留心。

　　然而我的惩罚终于轮到了，在我们离别得很久之后，我已经是中年。我不幸偶而看了一本外国的讲论儿童的书，才知道游戏是儿童最正当的行为，玩具是儿童的天使。于是二十年来毫不忆及的幼小时候对于精神的虐杀的这一幕，忽地在眼前展开，而我的心也仿佛同时变了铅块，很重很重的堕下去了。

　　但心又不竟堕下去而至于断绝，他只是很重很重地堕着，堕着。

　　我也知道补过的方法的：送他风筝，赞成他放，劝他放，我和他一同放。我们嚷着，跑着，笑着。——然而他其时已经和我一样，早已有了胡子了。

　　我也知道还有一个补过的方法的：去讨他的宽恕，等他说，"我可是毫不怪你呵。"那么，我的心一定就轻松了，这确是一个可行的方法。有一回，我们会面的时候，是脸上都已添刻了许多"生"的辛苦的条纹，而我的心很沉重。我们渐渐谈起儿时的旧事来，我便叙述到这一节，自说少年时代的糊涂。"我可是毫不怪你呵。"

我想，他要说了，我即刻便受了宽恕，我的心从此也宽松了罢。

"有过这样的事么？"他惊异地笑着说，就像旁听着别人的故事一样。他什么也不记得了。

全然忘却，毫无怨恨，又有什么宽恕之可言呢？无怨的恕，说谎罢了。

我还能希求什么呢？我的心只得沉重着。

现在，故乡的春天又在这异地的空中了，既给我久经逝去的儿时的回忆，而一并也带着无可把握的悲哀。我倒不如躲到肃杀的严冬中去罢，——但是，四面又明明是严冬，正给我非常的寒威和冷气。

牵手阅读

　　鲁迅(1881—1936)，原名周樟寿，后改名周树人。中国现代文学家、思想家和革命家。《风筝》是一篇回忆性散文，北京冬季天空中的风筝引发了作者对自己幼时扼杀弟弟孩童天性的行为的内疚和自责，更令作者痛苦的是他已无法求得宽恕，因为弟弟对这件往事早已淡忘。实际上，这种"全然忘却"的麻木影射着中国百姓对封建道德奴役的不知觉醒，这便是作者忧虑哀痛的深层原因。全文深深渗透着一种理性的沉思。结合历史背景，思考文章的隐喻。

来自父亲的寄语

诗意的故乡

学习哲学，学会思考

［美］吉姆·罗杰斯

哲学教会你们如何思考自己的问题

乐乐，你生于2003年5月；小蜜蜂，你是2008年3月出生的。虽然现在谈这个问题可能有些早，但我希望，你们总有一天会学习哲学。如果你们要认识自己，理解对你们最重要的是什么，你们就必须深层次地学习哲学。而如果在生活中要想实现和完成任何事情，你们就必须认识和理解你们自己。学习哲学确实帮助我做到了这一点。

我所说的，不是让许多人望而却步的、艰涩的以复杂逻辑为代表的哲学；我特指的是自己思考的艺术。今天，许多人都被常规思考方式所束缚，他们的智力活动过程完全被诸如国家、文化和宗教等概念所限定。跳出现有思维框架，独立地观察、研究事物，才是真正的哲学。学习哲学能培养一个人研究每个概念和每个"事实"的能力。

在牛津大学学习哲学，对我来说是一场艰苦奋争，因为他们总是问我抽象问题，诸如最基本的事物，太阳为什么总是从东方升起，或者一片孤立的森林中的某棵树倒下时，是否会发出声响。坦率地讲，在那个时候，我对哲学的许多作用和目的都不明白，但后来我开始明白也意识到观察、研究事物的必要性，无论这些事物是如何被接受或者证明的。寻找其他解释，跳出旧框架思考对你们大有裨益。

当前的哲学著作是否有助于我们思考

善于运用哲学思维与阅读哲学书籍根本不是一回事。诚然，阅读确实有助于开发我们的思维能力。然而，要想真正地提升和拓展思维能力则需要极大的努力。

这里有一个练习：回忆一些曾经发生的事情，传统智慧和惯性思维结果被证明是错误的。花时间努力去发现到底发生了什么，这个练习能够帮助增长知识，增加自信。

这样，下次需要决策的时候，你就能够有建设性地对大多数的假设进行分析。

两个思考方法

两个非常有用的研究分析方法，适用于所有行业，当然包括金融投资领域。一个是依据自己的观察与分析做出结论，另一个是严格依据基本逻辑行事。

依据观察与分析做出结论非常简单。举例来说，当你观察分析证券市场历史的时候，会注意到，牛市是在股票市场与商品市场之间相互交替的。从历史上看，这个交替周期大约15年到23年就会发生一次。

商品市场从1999年进入牛市，所以我期待着这一趋势持续下去。根据历史，商品市场的牛市可能要持续到2014年至2022年之间，尽管这期间可能会发生一些幅度较大的逆转。比如，1987年，全球股票市场暴跌40%至80%，令所有人万分恐惧，然而，此时距这一波的牛市结束还远着呢。20世纪70年代，黄金价格曾一度暴涨600%，市场才有所反应。之后，黄金市场统一合并，两年时间内直降50%，致使许多人放弃。然后，它又再次回转，上涨

850%。这就是市场规律：它使我们绝大多数人，在绝大多数时间看上去非常愚蠢。

现在，我向你们解释，单纯依据逻辑进行推断到底是什么意思。我虽然不能证明它，但我研究后，想出了我自己关于股票市场和商品市场相互作用的理论。让我们研究一下号称拥有世界最大燕麦市场份额的家乐氏的案例。燕麦是由诸如大米、小麦和食糖等商品加工制作而成。当商品市场处于低迷时期，这些食品的成本也随之下降。假如销售水平保持不变，该公司的净利润就上升。然而，当商品价格上升，家乐氏公司不可能立即通过燕麦的价格反映出其成本提高。这样一来，就直接影响公司的净利润，其结果就是公司的股票价格受挫。当商品市场增长缓慢时，公司由于成本降低而受益，而当商品价格上升时，公司利润下降，股票价格也就一同下降。正如你所看到的，分析琢磨出商品市场与股票市场的反比相互关系是一项很好的益智练习。

两个思考方法，前者被称之为归纳法（根据某一特定结论，得出一般观察结论），后者被称之为推理法（根据一般证据结论，得出特定事实）。二者并非其中一个比另一个更行之有效，重要的是，你必须训练和培养自己灵活

诗意的故乡

运用这两种方法，这样你就能够以不偏不倚的态度和方法去思考问题。

（李怡 译）

 牵手阅读

吉姆·罗杰斯是美国当代华尔街的风云人物，被誉为金融界和证券界最富远见的国际投资家，代表作有《罗杰斯环球投资旅行》等。罗杰斯身为投资家，他对女儿的建议也多从投资方面出发，由此延伸到学习和哲学等人生哲理，此信便充分体现了这一特点。他将自己投资和经营的成功经验一一传授给女儿，希望女儿能像自己一样成功，展示出一份质朴而务实的父爱，同时也展示了这位华尔街风云人物的独特思考方式。

生活中我们的父母总是有一些关于生活的经验要告诉我们，不要觉得他们唠叨，他们所说的每一字每一句其实都是对我们的关爱。这就是一篇来自父亲的有些唠叨的信，这封信的字里行间流露着父亲厚重深沉的爱意，他认真叮嘱他的儿子，要多多自省，要坚持不做坏事，要服从真理，要尊敬母亲，还要有一种快乐的勇气。不过对他的儿子来说，这将是父亲最后的唠叨了。

写给我的儿子约翰内斯

［德］克劳迪乌斯

亲爱的约翰内斯：

我的启程时间渐渐临近，此去之后，不再返回。我不能把你带去，我得把你留在尘世。在这个世界里，善意的劝告并非多余。

没有人生来就是智者，时间和经验教育人，磨炼人。

比起你来，我看这世界的时间较长。亲爱的儿呀，发亮的东西不都是金子。我见过星星从天陨落，见过人们十分信赖的权杖折断。

所以我要给你一些忠告，要告诉你，我发现了什么、时间给了我怎样的教训。

不好的东西就不是伟大的，经受不起考验的东西就不是真谛。

人在这里不是在家中，他不是偶然地穿着劣质外衣在这里漫步。你瞧，同他在一起以及在他附近的其他一切东西都在不知不觉地消逝，而人是自觉的，像一堵高墙，影子从墙上经过。他周围的一切已在消逝，它们屈服于外来的专横和权力，而人相信自己，掌握着自己的生命。

对人来说，向右走或向左走并不是无关紧要的，你可别受骗，以为人能听人劝告，而且知道该走哪条路。

人对这个世界知道得太少，他看不见那个不可见的世界，而且对它也没有了解。

你不要自费力气，不必惋惜，多多自省。坚持不做坏事。别向往昙花一现的事物。真理不会听从我们，亲爱的儿呀，而是我们必须服从真理。

我死后，把我的眼睛阖上，不要为我哭泣，帮助你的母亲，在她有生之年尊敬她，死后把她埋葬在我身旁。

要有一种快乐的勇气。每天思考一下生与死的问题，不管你愿不愿意。

爱你的父亲

（陆世澄 译）

 牵手阅读

这是一封遗书。一位父亲在弥留之际为他挂念的儿子约翰内斯留下了这封信，写满了父亲关于生活的善意的劝告，他将自己总结出的人生经验写进这封信里，希望能够给儿子一些启示，对儿子的人生能够有一些帮助。从这封信中，你读到了哪些人生的小哲理呢？想一想，长辈们给过你什么样的叮嘱吗？

导读

这是Facebook（脸书）创始人写给女儿的信，在这封信中，他告诉女儿如何认识这个世界。一起来读读这封融对孩子的深爱与理性和科学的引导为一体的家信吧。

"脸书"创始人写给女儿的信

〔美〕扎克伯格

亲爱的麦柯斯：

我和你的母亲对于你的诞生所带来的对未来的希望难以言表。你的新生活充满了希望，我们祝愿你可以健康快乐，这样你就可以充分探索。你已经给了我们充分的理由仔细考虑我们希望你住在怎样的世界。

像所有的父母一样，我们想要你在一个比我们现下更美好的世界里成长。

虽然新闻头条总是关注着哪里出了问题，但从很多方面看，我们的世界正在变得更好。

卫生水平在提升、贫困人口在减少、知识在累积、人与人彼此联通，各领域的技术也在发展，这都意味着，你的人生应该比如今我们的生活更加美好。

我们会尽我们所能让这一切发生，不仅仅是因为我们爱你，更因为我们对于下一代的所有孩子都有一种道德责任感。

我们相信人人生而平等，未来几代人也一样。我们社会有责任为那些即将来到社会上的人为改善生活而投资，而不仅仅是为了现在的人们。

但现在，我们并没有总是将资源用在解决你们这一代将面临的问题上。

以疾病为例，我们用在治疗患者的费用，是我们投资在避免你们从根源上得病的研究上的50倍。

药学作为一门真正的科学仅仅发展了不到100年，然而我们已经见证了许多疾病的治愈以及在治疗其他疾病上的可喜进步。随着科技的加速发展，我们有望在未来的100年间预防、治疗和处理所有或是大部分剩下的疾病。

如今，有许多人因为心脏病、癌症、中风、神经退化疾病和传染病这五类疾病而死，我们可以加速在这些疾病以及其他疾病上的进展。

当我们意识到你们这一代和你的子女一代有可能不用

再受到这些疾病的困扰，我们都有责任将我们的投资向未来倾斜更多，以实现这一可能。你的母亲和我想尽我们的努力。

治疗疾病需要时间。五年或十年的短时间内，我们所做的可能难见成效。但是在更长远的未来，现在播下的种子会成长起来，终有一天，你和你的孩子会看见我们只能想象的世界：一个没有疾病的世界。

像这样的机会还有很多。如果一个社会把更多的力量集中在这样重大的挑战上时，我们能为你们这一代创造一个更好的世界。

我们希望我们的下一代能够关注两个观念：发掘人类潜力和促进人类和平。

发掘人类潜力关乎不断拓展人生卓越的极限。

你们的学识和经验能否超越我们今天的百倍吗？

我们这一代能否治愈疾病，让你们活得更长寿也更健康呢？

我们能否将整个世界连接，让你们可以接触到每一个想法、每一个人和每一个机会呢？

我们能否使用更多的清洁能源，让你们在保护环境的同时发明今天无法想象的东西呢？

我们是否可以培养出企业家精神，让你们能够创建各种企业、迎接各种挑战，以促进和平和繁荣呢？促进平等就是不论他们出生在何种国家、何种家庭和何种境遇，保证每一个人都有可能接触到机会。我们的社会必须实现平等，这不仅仅是为了正义或是慈善，更是为了伟大的人类进步。

　　今天，我们的潜能远远不及我们本应拥有的。发掘我们所有潜能的唯一途径就是沟通这个世界上所有人类的智慧、想法和贡献。

　　我们这一代能否消除贫困和饥饿？

　　我们这一代能否为每一个人提供基本的医疗保障？

　　我们这一代能否建造包容、友善的共同体？

　　我们这一代能否培养各个国家的人们之间和平和相互理解的关系？

　　我们这一代能否真正给予每一个人力量——女人、儿童、未被充分代表的少数族群、移民和那些边缘人？

　　如果我们这一代能够做出正确的投资，以上每一个问题都会迎刃而解——而且很有可能是在你我的有生之年。

　　这个使命——发掘人类潜力和促进人类平等需要一个新的方法来使所有人都向这个目标努力前进。

我们必须做出超过25、50甚至100年的长远投资。巨大的挑战往往需要很长的时间，很难用短期投资思维解决。

我们必须和那些我们为之服务的人们直接接触，我们只有在了解他们的需求和欲望的时候，才能够真正给予他们力量。

我们必须发展能够做出改变的科技。许多机构在这些挑战上投资了钱，但是很多进步源自创新带来的巨大产能。

我们必须参与到那些关于政策和主张的辩论当中。很多机构不愿意这样做，但是进步只有在不断的辩论中才能变得稳定可靠。

我们必须支持每一个领域当中独立且强有力的领导者。与各个领域的专家合作相比，自己的努力更为有效。

我们必须承担今天的风险，为更美好的明天吸取经验和教训。我们笨鸟先飞，虽则遇挫，也要继续前行。

我们个性化学习、使用互联网和社区教学和健康的经历，塑造了属于我们的哲学。

我们这一代成长于不能因材施教的课堂教育，学校以同样的速度教同样的内容，忽视了我们的兴趣和需要。

你们这一代可以为自己想要成为的人设定目标，像是工程师、医疗工作者、作家或是社区领袖等。你们可以用技术来获得怎么学习才是最好的以及哪些方面是要重点学习的。你们可以在你们最感兴趣的领域进步得很快，也可以在你们觉得最困难的领域获得尽可能多的帮助。你会探索到今天的学校没有教的课题。你们的老师也会提供更好的工具和数据来帮助你实现你的目标。

更棒的是，即使没有住在一个好学校的旁边，全世界的学生仍然可以在互联网上运用个性化的工具。当然，除了技术，我们也可以通过其他手段给每一个人公平的起跑线，但是个性化学习确实给了孩子一个可行的方法来实现更好的教育和更公平的机会。

我们正在开始开发这样的技术，结果也充满希望。学生不仅在考试中获得了更好的成绩，他们还有了足够的技巧和信心来学习任何他们想要学习的知识。这趟旅程才刚刚开始。技术和教学在你在校的每一年都会有所进步。

我和你的母亲都教过学生，我们都见证了技术所带来的变化。我们会与教育界的领袖人物合作，这项技术会使全球所有的学校都采用个性化教育的方式。这项技术会参与到社区教育当中，这也正是我们开始了旧金山港湾区的社区项目的原因。这项技术会开发新的技术并尝试新的想法。同时它也会犯错，从中吸取教训，并达到最终的目标。

但是一旦我们意识到我们可以为你们这一代创造这样的世界，我们社会就有责任把我们的投资聚焦于未来，使之成为现实。

我们会一起完成这项技术。当我们做这项技术的时候，个性化学习不仅会帮助那些在好学校当中的学生，也会帮助为任何一个能上互联网的人提供更平等的机会。

你们这一代的很多机会都会来自互联网。人们常常认为互联网只是为了娱乐和交流，但是对于世界上的大多数人们来说，互联网是一条救生索。

当你周边没有好学校的时候，互联网为你提供了教育；当你周边没有医生的时候，互联网为你提供了如何预防疾病、抚养健康孩子的讯息；当你周边没有银行的时候，互联网为你提供了金融服务；当你的经济状况不佳的时候，互联网为你提供了工作和机会。

互联网实在是太重要了，每10个能上互联网的人当中，就有一个人脱贫，就有一个新的工作产生。

但是世界上仍然有超过多半数的人，也就是40多亿的人不能上网。

如果我们这一代使得他们能够上网，我们就可以帮助数以百万计的人们脱离贫困。我们也可以帮助数以百万计的孩子获得教育，帮助数以百万计的人们远离疾病。

技术和合作可以带来另一个长远的成就，它能够帮助新技术的发明，从而使得互联网的成本更低，并连接到偏远地区。它能够与政府、NGO和公司合作。它能够参与到社区当中，了解他们的需要。在我们成功之前，不同的人对于未来更好的发展有不同的见解，我们会为此做出更多的努力。

我们可以一起走向成功并创造一个更加公平的世界。技术不能自己解决问题。创造更好的世界需要从创造强有力和健康的社区开始。

当孩子们学习的时候，意味着他们有着最好的机会。当他们健康的时候，他们学得最好。健康是一件着手很早的事情，有爱的家庭、良好的营养和安全、稳定的环境，这些对于孩子的健康来说都很重要。早年受到过创伤的孩子通常无法得到心智和身体的良好发育。研究表明，大脑发育的改变会导致他们的认知能力下降。

你的母亲是一个医生和教育家，所以她及早意识到了这一点。如果你的童年不是很健康，那么你很难发挥出你所有的潜能。

如果你必须要担心食物和房子，或是担心虐待和犯罪，那么你很难发挥出你所有的潜能。如果因为自己的肤色，你担心自己相比考上大学更容易锒铛入狱；或者因为你的不合法的法律地位，你担心你的家庭会被驱逐出境；又或者因为你的宗教、性取向或者性别身份，你担心你会面临暴力，那么你很难发挥出你所有的潜能。

我们需要让整个社会体系认识到这些问题之间是相互联系的，这就是你母亲所构建的新学派的观点。

通过与学校、健康中心、父母联合会和当地政府的联系，通过保证所有孩子从小就被好好喂养和照顾，我们开始把这些不平等的现象联系起来。只有这样，我们才能一起开始给每一个人平等的机会。

实现这个目标还会花上很多年，但是这是另一个例子可以证明人类的潜力提升与促进公平之间是怎样紧密联系在一起的。我们想要实现任意一个目标，我们都要先创造强有力和健康的社区。

为了让你们这一代居住在一个更好的世界，我们这一代有太多需要做的事情。

今天我和你的母亲竭尽毕生，以自己的绵薄之力来帮助解决这些问题。我会在接下来的很多年里仍然担任

Facebook的首席执行官，但是这些问题太过重要，时不我待。在现在这样一个年轻的年纪开始，我们希望在余生中可以见到所产生的好处。

鉴于你开启了扎克伯格－陈（Chan Zuckerberg）家族的下一代，我们也要开始扎克伯格－陈倡议（Chan Zuckerberg Initiative）：为了下一代的孩子，号召全世界的人们一起发掘人类潜力和促进人类平等。我们倡议的领域会着重在个性化教育、疾病治疗、连接人们生活和创建强有力的社区方面发力。

我们会在接下来的人生中捐出Facebook 99%的股份（现市值450亿美元，约2879亿人民币）来完成我们的使命。我们知道相对于其他已经投入到这些问题上的所有资源和才智来说，我们所尽的只是绵薄之力。但我们希望以我们所能，与他们共同努力。

在接下来的数月中，当我们适应了新家庭的生活节奏，并从产假中恢复过来后，我们会分享更多的细节。我们非常理解你们对于我们为什么以及如何做有很多的提问。

因为我们已为人父母，开启了人生的新篇章，我们想要对使得人类进步和人类平等成为可能的所有人致以崇高的敬意。

　　我们之所以能做这样的工作只是因为在我们身后有一个强大的全球社区。创建Facebook为下一代创造了能使世界更美好的资源。Facebook社区中的每一个人都在这个工作中尽了一份力。

　　站在为之奉献的专家——我们的导师、伙伴和很多难以置信的人们的肩膀上，我们才得以实现这样的进步。

　　同时，因为身边有爱的家庭、支持的朋友和很棒的同事，我们才维护好了这样一个社区并完成这样一个使命。我们希望你们也能在各自的生活中有这样深厚而美好的感情。

　　麦柯斯，我们爱你。我们体会到了巨大的责任感，要使你和所有的孩子所居住的世界变成一个更好的地方。你给予了我们爱、希望和喜悦，我们希望你的生活也能充满相同的爱、希望和喜悦。我们迫不及待地想要看到你给这个世界所带来的美好。

（佚名　译）

扎克伯格是美国社交网站Facebook的创始人兼首席执行官。因广泛而强大的社会影响力被人们称之为"第二盖茨"。"父母之爱子女，则为其计深远"，扎克伯格就是这样的父亲，他在信中向女儿介绍了这个时代的科技、观念，甚至预测了时代和人类的走向，期望女儿可以在享受时代进步所带来的优越条件的同时去参与和推动人类的发展，希望孩子能给这个世界带来进步与美好。

小学版《语文第二课堂》自2019年出版后，得到读者的广泛好评，为配合市场需求，我们在《语文第二课堂》基础上，根据专家和读者的反馈定制了这一拓展阅读版。这套图书得到了许多作者和译者的帮助，在此一并致谢。部分文章因编选的需要，做了删改，特此说明。虽经多方努力，仍有部分版权所有人未能于出版前取得联系，我们将委托中国文字著作权协会代转稿酬及样书，联系电话：010-65978917。